房子如何更好卖

房地产营销策划分步实解

天火同人房地产研究中心 编著

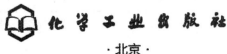

·北京·

《房地产营销策划分步实解》丛书将房地产营销体系分为三大模块，主要解决房地产营销策划的三个问题：第一，产品怎么宣传？第二，怎么找客户？第三，怎么把产品卖给客户？丛书共分三册，分别为《营销推广》、《客户开发》、《销售管控》。

本册为《客户开发》，解决"怎么找客户"的问题，主要内容包括：分析客户购房心理，遵循寻找客户、分析客户、管理客户的营销步骤进行蓄客，为后期的销售做准备。

图书在版编目（CIP）数据

房地产营销策划分步实解.客户开发/天火同人房地产研究中心编著.— 北京：化学工业出版社，2015.11（2020.2重印）
ISBN 978-7-122-25376-7

Ⅰ.①房… Ⅱ.①天… Ⅲ.①房地产市场-市场营销学 Ⅳ.①F293.35

中国版本图书馆CIP数据核字(2015)第240282号

责任编辑：王 斌　邹 宁　　　　　　　　装帧设计：骁毅文化

出版发行：化学工业出版社(北京市东城区青年湖南街13号　邮政编码100011)
印　　装：大厂聚鑫印刷有限责任公司
710mm×1000mm　1/16　印张16　字数300千字　2020年2月北京第1版第5次印刷

购书咨询：010-64518888　　　　　　　　　售后服务：010-64518899
网　　址：http://www.cip.com.cn
凡购买本书，如有缺损质量问题，本社销售中心负责调换。

定　　价：68.00元　　　　　　　　　　　　版权所有　违者必究

策划单位：天火同人工作室

编写单位：天火同人房地产研究中心

编委：

刘丽娟	龙 镇	肖 鹏	张 杨	敖 勇	周国伟
赵 俏	吴仲津	曾庆伟	林樱如	陈秋珊	徐 娜
郑家敏	杨春烨	邓钰彬	樊 娟	叶雯枞	王晓丽
李中石	卜昆鹏	刘丽伟	成文冠	孙权辉	林燕贞
林德才	张连杰	王 咏	曾 欢	舒立军	孟晓艳
孙树学	马玉玲	刘 娜	郭林慧	刘思明	李明辉
曾 艳	王丽君	卜华伟	张墨菊	廖金柱	严 昆

执行编辑：林樱如　陈秋珊

美术设计：杨春烨　邓钰彬

设计创意：广州恒烨广告设计有限公司

目录 CONTENTS

第一章　客户研究分析

第一节　002/ 房地产客户研究的4个内容

002/ 一、房地产客户的2种分类方法

007/ 二、房地产客户的4个研究特征

010/ 三、房地产客户的2类购房偏好

014/ 四、房地产客户满意度研究

第二节　020/ 房地产客户研究的5种方法

020/ 一、方法一．二手资料检索

021/ 二、方法二．家庭座谈会辅以观察法

022/ 三、方法三．深度访谈

026/ 四、方法四．定量访问

028/ 五、方法五．实地调研

第三节　032/ 房地产客户需求研究的流程

032/ 一、流程一．确定研究目的

034/ 二、流程二．设计客户需求研究的执行方案设计

036/ 三、流程三．客户需求研究执行过程

038/ 四、流程四．分析客户需求研究的资料数据

039/ 五、流程五．撰写客户需求研究报告

第四节 041/ 客户购房关键接触点分析

041/ 一、客户购房关键接触点研究的 3 个内容

048/ 二、影响客户关键接触点的 3 个因素

051/ 三、研究客户购房关键接触点前的两个准备

第二章　客户细分战略

第一节 054/ 房地产客户细分的核心方法

054/ 一、客户细分的 3 个准则

056/ 二、客户细分的 2 个维度

062/ 三、常用客户细分方法

064/ 四、客户细分的 2 种创新方法

071/ 五、客户企业利润贡献率的细分法

第二节 073/ 房地产市场细分方式

073/ 一、市场细分的 3 个步骤

075/ 二、市场细分的 4 个原则

077/ 三、房地产市场细分的 4 个依据

目录 CONTENTS

第三节 083/ 房地产客户定位策略

083/ 一、客户定位的3种模式
087/ 二、房地产定位客户的3个准则
089/ 三、寻找潜在客户的5个步骤
094/ 四、定位目标客户群的3个步骤

第三章 房地产项目拓客渠道开发与维护

第一节 098/ 房地产拓客渠道开发要点

098/ 一、拓客渠道建设的3个要求
101/ 二、房地产客户拓展的方式
108/ 三、房地产拓客渠道的维护

第二节 114/ 房地产常见的6种拓客渠道

114/ 一、异业联盟(跨界营销)渠道开发策略
122/ 二、团购客户渠道开发策略
126/ 三、散客拓展渠道开发策略
128/ 四、内部认购渠道开发策略
131/ 五、大客户拓展渠道开发策略
137/ 六、网络客户渠道开发策略

第四章 房地产项目异地客源拓展

第一节 150/ 房地产异地客源拓展前期策划

150/ 一、异地拓客可行性初评的 5 个评估点

154/ 二、异地市场调研 3 个步骤

158/ 三、异地拓客客户群定位

160/ 四、异地客源拓展模式选择

第二节 165/ 异地客源拓展实施策略

165/ 一、房地产异地拓客的 6 种方式

174/ 二、异地拓客宣传的 4 个特殊要素

176/ 三、异地营销的两种方式

第三节 183/ 异地拓客驻点的管理

183/ 一、异地拓客驻点 3 种功能定位

185/ 二、异地驻点与本部信息传递的 3 种方法

186/ 三、异地拓客团队架构设计

186/ 四、异地销售人员薪资管理

目录 CONTENTS

第五章 房地产客户关系管理

第一节 194/ 全方位执行房地产客户关系管理

194/ 一、广义的房地产客户关系管理对象
203/ 二、维护客户关系的内部组织结构
207/ 三、客户组织化管理——客户会

第二节 215/ 项目全程贯彻客户关系管理

215/ 一、策划设计环节的客户关系管理
218/ 二、施工建设环节的客户关系管理
220/ 三、售中接待阶段的客户关系管理
224/ 四、售后客户关系管理
230/ 五、服务质量评测

第三节 236/ 构建客户信息管理系统（CRM）

236/ 一、房地产CRM系统的模块设计
239/ 二、构建房地产CRM系统的4个步骤
243/ 三、房地产CRM系统的4大功能分析

第一章 ONE

客户研究分析

　　社会的快速发展让人们获得信息的途径越来越多种多样且方便快捷。在房地产行业，各大开发商在产品规划设计上的差距不断缩小，产品品质日趋接近。这个发展趋势给房地产项目销售带来了两个具体的问题：如何突出产品优势？如何抓住目标客户的关注目光？从本质上说，行为管理、过程管理和客户管理是销售的三个管理刚需。其中，客户管理的重要基础就是客户的研究分析。这项工作要求从事销售工作的每一个人都要深入了解客户消费需求，更好地把握产品与客户的关系，借助更好的服务提高客户满意度，最终扩大市场份额。这是房地产项目销售的基本而重要的业务能力和竞争能力。

　　软件和技术为商业世界带来规模效应。一个行业的巨头公司仍无法接手一切，创新者永远会有自己的空间，商业就是这样。

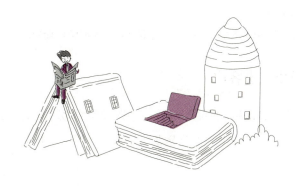

第一节

房地产客户研究的4个内容

做客户研究，首先要清楚项目所面对的客户范围，即客户在哪。研究这些是为了清晰地抓住客户特征和偏好。这是为项目做客户定位前的必要工作。找到目标客户群，才能精准锁定客户群开展项目营销工作。

对于房地产销售来说，客户研究是一个长期的不能间断的工作，是贯穿销售始终的一项工作。归纳起来说，客户研究有两个作用：为房地产开发各阶段工作提供数据参考和分析基础；以及掌握客户关注点，促进营销。

房地产客户的2种分类方法

客户类型研究，即按照一定标准，将不同客户划分归类。购房者购买力与年龄是衡量客户类型的两个重要指标。

房地产客户有两种基本分类方法：按购买力划分和按家庭结构划分。

▶ 按购买力划分出5类客户

不同购买力的群体关注产品总价层次不同。了解购买力客户分类，有助于项目客户定位。依据居民收入水平，可将房地产客户分为五大类：富豪型、富裕型、富贵型、中产型和经济型。

第一节 | 房地产客户研究的4个内容

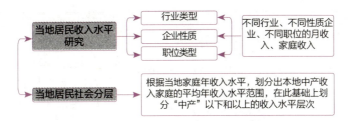

图 1-1 购买力客户类型分类依据

对按购买力划分客户类型做客户特征分析描述时,要抓住6个要素:购买力客户类别、家庭年收入水平、职业背景、购房支付特点、置业偏好、生活偏好。

图 1-2 购买力客户类型描述要素

以上海为例对客户按照购买力进行分类描述

表 1-1 购买力客户类型描述

类别	家庭年收入水平	职业背景	购房支付特点	置业偏好	生活偏好
富豪型	300万以上	欧美企业CEO、大型上市公司董事长、非欧美企业、民营企业董事、社会名人、政府机关高级官员、外资金融机构董事等	倾向一次性付款	精神型拥有型奢华型商务型投资型	善于交际,通过社会上层高级会所、高尔夫俱乐部、名人社交聚会进行广泛的社会交往。喜欢奢侈品、房产、股票等的购买和收藏。喜欢豪华消费。拥有名车,喜欢欧美旅游

3

续表

类别	家庭年收入水平	职业背景	购房支付特点	置业偏好	生活偏好
富贵型	100~300万	欧美企业高管、上市公司董事、非欧美企业、民营企业总经理、董事，顶级专业人士、政府高级干部，金融企业高管等	一次性付清为主，或短期低额贷款	精神型 拥有型 奢华型 商务型 投资型	善于交际，喜欢出入高级的娱乐场所和会所、社交聚会活动。生活追求高雅、新潮和高品质。喜欢各类投资。拥有名车，经常出国旅游
富裕型	30~100万	外资企业中高层、国内上市公司高管、民营企业总经理、外资咨询类企业高级咨询顾问、高科技行业高级技术人员，大型制造类行业的高级工程师、医疗卫生机构的高级医师和管理人才、政府高级干部、金融机构经理等	低总价的物业一次性付款，高总价的物业考虑分期付款	拥有型 奢华型 运动型 休闲型 赡养型	追逐社会高尚生活的表现形式，愿意花时间和金钱进行休闲娱乐消费和健身。拥有中高档私车，喜欢选择中国周边国家或地区旅游
中产型	10~30万	欧美企业部门主管、非欧美企业经理、上市公司经理、民营企业高管、私营企业主、咨询类企业高级咨询顾问、高科技行业高级技术人员，制造类行业的中级工程师、政府和事业单位中层干部、医疗卫生机构的中级医师和管理人才、成功的自由职业者、高校副教授和教授、中学高级教师等	首付能力不是很强，但月还款能力高，工作前景预期好。贷款年限可以较长。国有事业单位和欧美企业大多有房贴	生活型 工作型 教育型 赡养型 休闲型 运动型 健康型	善于社交。喜欢外出购物、吃饭和游玩。喜欢运动和旅行等休闲活动。休闲和娱乐比较考虑经济承受能力，计划性很强，不太进行较高的娱乐和购物消费。生活和工作节奏较快，追求快捷和便利
经济型	10万以下	各类企事业单位的普通员工或职工，下岗职工等	月还款能力较弱，或靠原有房子出售、动拆迁等，有一定的首付能力。工作前景预期不高。多采取高首付购房	生活型 工作型 教育型 赡养型 健康型	喜欢大众化的娱乐和休闲方式，以经济实惠为标准。经济忧患意识强，储蓄强于消费。不盲目追求时尚和品牌

❷ 按家庭结构划分 6 类客户

随着年龄变化，中国居民家庭结构会不断发生变化，并直接影响到置业需求和消费行为。我国城市居民家庭结构演变的主要过程为：

图 1-3　我国城市居民家庭结构变化

按家庭结构划分客户类型特征，其描述要抓住五个要素：
①家庭结构特点；
②消费行为特征；
③投资和理财观念；
④购房关注要素；
⑤知识和信息获取渠道。

图 1-4　客户类型特征描述 5 要素

第一章 客户研究分析

以上海为例对客户按照家庭结构进行分类描述

表1-2 家庭结构客户类型描述

	家庭结构特点	消费行为特征	投资与理财	购房关注	知识与信息获取
都市新锐族	年龄在26～40岁，以结婚丁克小家庭和孩子读幼儿园或小学的三口之家为主体，或者与父母共同生活的两代或三代之家。非主体群体为准新婚族、单身丁克	此年龄段的群体普遍受过良好的大学及以上教育，注重事业，喜欢新生事物，善于接受新的观念，喜欢交际，渴望自由和浪漫生活，追求时尚和个性，感性消费观念强于理性消费观念。此群体中的新上海人学历较高，组成的家庭处在创业立家艰辛阶段，处于事业发展的关键时期	此阶段的生活观转折点在家庭有了孩子之后，对理财、置业等观念会发生变化。理财需求增大，计划性增强，敢于风险投资	此类群体开始注重孩子的教育，对小学和中学的学校选择要求很高，甚至可以学校的便捷作选房的重要依据之一。另外，此群体的父母年龄偏高，开始注重赡养父母，希望与父母同住或就近为父母置业。对住房的空间要求提高，希望增加居住空间面积。总体对小区环境、周边配套的关注度大于室内舒适度	此群体是最喜欢学习和接受新知识的群体，喜欢阅读的报刊书籍以适合自己专业、工作、业余爱好的为主。主要通过网络、书刊、报纸、电视等获取经济、金融、专业、时尚类信息
品质家庭族	年龄在41～50岁，以孩子读中学或大学三口之家为主体。非主体为丁克家庭。此类群体因子女进入考大学阶段，非常注重孩子的学习状况。此群体的事业出现两极现象，高层管理人员和企业老板事业处于顶峰期，时间和精力倾注于事业；而中层以下人士多为事业的保守期，注重工作的平稳，进取心渐减。养老和子女教育、立家压力很大	此年龄段的群体非常注重家庭生活品质的改善，交际和业余生活范围相对缩小。理性消费强于感性消费观念，消费出现惯性，购物重视性价比。健康养生观念增强	此阶段理财计划性很高，对于低风险的理财敢于大胆介入。注重子女教育积蓄和养老积蓄。对住房要求以改善提高为主。对投资理财比较重视，愿意用积蓄进行房产或其他产品的投资	关注小区和周边生活配套（商业、绿化、健康、会所等），开始进入二次或三次置业期，对居住的舒适度和宽松度要求较高	此群体的学习力开始减弱，以丰富的阅历和经验见长。对时政类和经济类的报刊比较关注。通过报纸、电视、杂志等获取信息
新新人类族	年龄在22～26岁，刚涉足社会	此年龄段的群体感性消费观念较强。对时尚的文化、服饰、娱乐积极追逐。是时尚潮流的倡导者	此阶段群体没有理财观念，属于"月光族"或"透支族"消费型	因没有支付能力，以父母资助购买小户型过渡房屋或自己租房为主，重点考虑上班交通便利和房屋总价	此群体的学习力很强，容易接受新知识和理念。对时尚类的报刊、网络比较关注

续表

家庭结构特点	消费行为特征	投资与理财	购房关注	知识与信息获取
健康养老族	年龄在51岁以上，以孩子读大学或参加工作的三口之家为主体。包括孩子结婚生子的三代同堂和二老空巢族	此年龄段的群体注重子女成家立业和自己的健康养老。心理惯性强，对商品忠诚度高。注重实际，追求方便实用。稳健的理性消费强于感性消费观念	此阶段理财计划性很高。注重子女的结婚或分住购房积蓄及养老积蓄。对投资理财比较保守	关注小区设施和周边配套（商业、绿化、健康机构等），与子女相邻	此类群体对新知识不易接受，以阅历和经验见长。对生活类、健康类的信息比较关注。主要通过电视、报纸、电台、"小道消息"等获取信息

房地产客户的4个研究特征

房地产客户特征研究，主要涉及4个方向：客户区域来源、客户消费力、客户身份形象、客户置业目的、家庭特点等。

表1-3　客户特征研究

基本特征	研究内容
客户区域来源	最直观的表达是客户地图，同时兼顾项目不同物业类型，针对目标客户的不同来源
客户消费力	客户资金实力、收入情况、总价承受范围等有关财务指标的定位
客户身份形象	主要根据客户置业特点，在营销推广中对客户形象的表述使目标客户群具有身份认同感或感召力
客户家庭特点	依据客户的购买力、购房目的、家庭结构等特征判断

客户区域分布参考（上海）

表1-4　客户区域分布参考（上海）

需求区域	居住区域		工作区域		需求区域	居住区域		工作区域	
	主力区域	次要区域	主力区域	次要区域		主力区域	次要区域	主力区域	次要区域
卢湾	卢湾	徐汇 闸北	卢湾 黄浦	静安 徐汇	杨浦	杨浦	杨浦 虹口	浦东 宝山 闸北	杨浦 虹口	浦东 黄浦

续表

需求区域	居住区域		工作区域		需求区域	居住区域		工作区域	
	主力区域	次要区域	主力区域	次要区域		主力区域	次要区域	主力区域	次要区域
虹口	虹口	杨浦 闸北	虹口	杨浦 闸北	长宁	长宁	外埠	长宁	外埠
						徐汇	徐汇	长宁	徐汇	黄浦
黄浦	虹口 黄浦	杨浦 闸北 浦东	黄浦	闸北 虹口 静安 浦东	普陀	普陀	闸北 长宁	普陀	静安 徐汇
					闸北	闸北	虹口	闸北	虹口
静安	静安	普陀 闸北 虹口 长宁	静安	黄浦 长宁 虹口	闵行	闵行	徐汇 长宁	闵行	徐汇 长宁
					宝山	宝山	杨浦 虹口 浦东	宝山	徐汇 闸北 虹口
浦东	浦东	杨浦 虹口	浦东	黄浦 静安	松江	松江	徐汇 外埠	松江	徐汇 外埠

➊ 方向1. 客户区域来源

认知项目所在地的宏观市场,对区域市场进行分析研究,获知客户区域来源并进一步划分类型,有利于项目客群的定位与营销。

按照客群来源分,区域客群可分为三大类:区域周边的产业人群(企事业白领和专业市场)、周边小区老业主、区域拆迁户。

➋ 方向2. 客户消费力

客户经济状况会影响其需求层次和购买能力。一类情况是客户经济状况较好,可能购买较高档次的商品房,享受较为高级的消费,购房追求舒适与享受;另一类情况是客户经济状况一般,价格承受能力弱,购房追求的是实用与性价比。

➌ 方向3. 客户身份形象

可从客户职业与社会地位判断客户身份形象。客户身份形象不同,购房需求与爱好也不同。如,从事教育行业的客户,一般会较多选择文化色彩较为浓厚的商品房;而对于从事IT行业的客户来说,可能会注重时尚、个性和宽带。如客户社会地位处于新中产阶层,一般都会追求高品质的居住环境，因为他们正处于事业上升期，有一定财富积累，拥有稳定的收入预期。

④ 方向4.家庭特点

家庭特点可以看出客户购房目的。

如，年轻夫妇二人的家庭购房一般都是首次置业，其购房目的是解决居住刚性需求。老年夫妇属于养老客户，其购房一般是为了度假、养老，被区域的自然环境、生活环境吸引。

某项目的客户特征分析

以某项目为例，分析该项目的客户特征。该项目客户来源可分为3类：城北、城西的新杭州人（主力客群）；城北、城西的老杭州人（重要客群）；区域拆迁户（次要客群）。

表1-5 某项目的客户特征

客户来源分类		分布区域	身份形象	消费力	置业目的	家庭特点
城北、城西的新杭州人	在周边居住或工作的客群	分布于和睦、大关、拱北、三墩一带	商务、公务员和企事业白领	单价、总价承受力较弱，心理价位在12000元以下	购置婚房，首次置业，解决居住刚性需求	年龄25~30岁左右，刚结婚或准备结婚
	周边专业市场客群	农副物流中心、北部软件园、汽车城、旧货市场、刚才市场等	个体户		在学区好的位置购房，给小孩更好的学习条件	年龄30~35岁，通常是三口之家，小孩临近上学
城北、城西的老杭州人		居住在区域周边如和睦小区、大关小区、拱北小区等小区居民	工作生活都在城北，事业已经有所成就	有一定的经济实力，在区域内已有1套住宅，两方左右	改善居住条件，希望保证居住舒适性、小区环境、档次	年龄30-40岁，父母同住或是子女分巢
区域拆迁户		在区域内的周边村落，如总管堂、勾庄等	主要是区域的原住民	购买力强，在区域内已有自己的住房或是自建房	因人口多或是房屋拆迁，需要再购买一套住房	家庭结构人口多

分析总结：

城西城北新杭州人为主力客群，他们考虑因素注重学区和落户，看重空间实用性和性价比。

城西城北老杭州人为重要客群，基本认可本项目位置及基本条件，更多考虑区域、环境以及舒适性。

区域拆迁户为次要客群，他们长年居住在区域内，对区域有地缘情结，非常认可区域，并不愿离开，看好区域发展前景。因为住习惯了大面积的农民房，加上家庭结构人口多，需求面积至少在140平方米的三房以上。

房地产客户的 2 类购房偏好

客户的购房偏好可以划分为两类：对产品功能的偏好以及对产品情感的偏好。

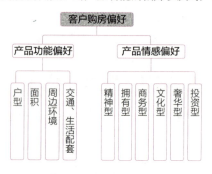

图 1-5　客户的购房偏好

▶ 1 产品功能偏好

房地产产品功能包括户型、面积、周边环境、交通、生活配套等。

上海置业客户产品功能偏好分类描述

第一节 | 房地产客户研究的4个内容

以下以分析上海置业客户分类为例，对客户的购房偏好进行分类描述。

表1-6 产品功能偏好描述

产品形态		产品特色	偏好类型	主力客户形态		
户型	面积（平方米）			客户类型	家庭特点	家庭结构
2/2/1	85～105	小区休闲和运动配套齐全 周边环境和地段很好 建筑和小区有品位	运动型 休闲型 工作型	31～45岁 都市新锐族	单身贵族	单身
		交通便捷、基本生活便利 周边环境好	工作型 生活型	26～35岁 都市新锐族	已婚丁克	二人世界
		基本生活便利、医疗配套 健身绿地、周边有适合三口之家的楼盘	健康型 生活型	55岁以上 健康养老族	二老空巢	
		幼儿园和小学较近、交通便捷 基本生活便利、周边环境较好	教育型 生活型 工作型	26～40岁 都市新锐族	幼小三口之家	
		周边环境好、生活便利 小区规划齐全、物业管理好	生活型 养老型	41～50岁 品质家庭族	中学大学三口之家	
2/2/2	105～140	交通便捷、基本生活便利 周边环境很好、小区配套齐全	工作型 生活型 休闲型 运动型	26～35岁 都市新锐族	已婚丁克	二人世界
		幼儿园、小学较近、交通便利 基本生活便利、周边环境较好	教育型 生活型 工作型	26～40岁 都市新锐族	幼小三口之家	三口之家
		周边环境较好、生活便利 小区规划齐全、物业管理好	生活型 养老型	41～50岁 品质家庭族	中学以上三口之家	
3/2/2	130～150	交通便利、基本生活便利 周边环境好、配套齐全	工作型 生活型	26～35岁 都市新锐族	已婚丁克	二人世界
		幼儿园和小学较近、交通便捷 基本生活便利、周边环境较好	教育型 工作型 生活型	26～40岁 都市新锐族	幼小三口之家	三口之家
		周边环境较好、生活非常便利 小区规划齐全、物业管理较好	生活型、 养老型 工作型	41～50岁 品质家庭族	中学以上三口之家	三口之家
		幼儿园和小学较近、交通便捷 基本生活便利、健康服务齐全 健身绿地方便	教育型、 生活型 赡养型、 工作型	35～55岁 都市新锐族 品质家庭族	老人 青年夫妻 幼小孩子	三代同堂
4/2/2 组合居	160～200	幼儿园和小学较近、交通便捷 基本生活便利、健康服务齐全 健身绿地方便	教育型 生活型 赡养型 工作型	35～55岁 都市新锐族 品质家庭族	老人 年轻夫妻 幼小孩子	三代同堂

❷ 产品情感偏好

置业者对房地产产品情感偏好主要指购房是出于精神需要、商务需要还是投资需要等。依据产品情感偏好，可以把消费者划分为六类。

表1-7　六类产品情感偏好描述

偏好类型	购房动机	产品特点			
精神型	个性张扬、精神享受	自然环境与人的和谐：天人合一	历史文化氛围，人文底蕴	周边环境景观和建筑设计景观带来"高峰体验"	艺术家、设计师赋予产品独特精神烙印
拥有型	对稀缺资源的占有社会地位的标志	稀缺珍贵地段	被社会认同的自然景观资源	被社会认同的文化和社会资源	被社会认同的文化和社会资源
商务型	独享私人商务会所	足够的室内商务活动空间	有特点的商务会所型的室内装饰和配置	靠近自己的商务活动区	车位充足，物业管理规范
	高级商务和休闲活动场所	小区或周边有高档、齐全的商务和娱乐设施，如高尔夫、游艇、运动等高级俱乐部和休闲户所	周边环境优美、幽静，小区业主高端	驾车到达交通便捷	车位充足，物业管理高档
文化型	社区文化归属	社区的文化同质	社区会所齐全，周边国际学校	社区规划高档，吻合文化认同	物业管理规范
奢华型	"住"得奢华	居住的高品质要求	居住空间的"浪费"，室内配置的顶级品牌	小区会所和配套的高档和齐全	物业服务与管理的高品质
投资型	物业的长期保值和增值性	注重土地价值的长期增值空间	物业区位，区域规划	建筑品质，开发商品牌	市场需求潜力大

结合客户购买力、家庭结构以及对产品的偏好分析某项目

表1-8 某项目的价格情况

单价	7000元/㎡			
一套总面积	110㎡			
一套总房价	77万			
首付	15万			
贷款	公积金贷款		商业贷款	
	金额	期限	金额	期限
	10万	20年	52万	20年
月还款额度	4500元			
可承受的基本家庭月收入	4500/30%=15000元（30%为还款安全系数）			
可承受的基本家庭年收入	180000元			

根据购买力客户类型，能够达到家庭年收入18万元的购买力基本客户类型为：中产型家庭，辅助客户类型包括富裕型家庭和经济型家庭。

表1-9 某项目基本情况

交通区域特点	项目位于芜湖城南滨江板块，拥有滨江大道与中山路两大城市主干道
房型特点	3室朝南，通风采光舒适型
小区配套	新海派风情商业街、一站式金牌教育、四大主题英式组团园林等
周边环境	中山路步行街商圈、新时代商业街、萃文中学、北京师范大学基础教育实验学校、社区幼儿园，周边汇集了超市、饭店、旅馆、商场等各项生活配套设施

根据产品功能偏好模型，适合购买的家庭结构如下：

适合生活型、教育型、工作型、赡养型家庭，此类型客户为都市新锐族（26～40岁的新婚二人世界、幼小三口之家），品质家庭族（41～50岁的三口之家、三代同堂）。

根据产品情感偏好来看，此产品为中环区域的中高档物业形态，以满足居住功能、体现便捷生活为主。在情感偏好方面，开发商品牌为最大的吸引点。

房地产客户满意度研究

客户购房满意度是指购房者或居住者对房屋产品及配套、物业等综合服务的整体感知。毫无疑问,房地产行业竞争已进入到"地产+房产+优质物业服务"的新时代,通过地产客户满意度调查,可以挖掘服务短板,指出改进方向,推动企业精细化运作,提高企业品牌知名度以更好地推动楼盘销售。

▶ 1 房地产客户满意度的 2 个内容

房地产客户满意度研究包括两项内容:对开发商售出的房屋及配套产品的满意度;对企业提供的综合配套服务的满意度,包括房屋在销售过程中开发商提供的销售服务、设施交付服务,销售以后物业公司提供的物业产品管理、设施维护、安全、秩序、卫生、绿化等服务。

表 1-10　房地产客户满意度的两个方面

对开发商售出的房屋及配套产品的满意度	产品品质	建筑质量	隔音性能
			室内管线布局(电源、电话、有线电视插口等数量和位置)
			防水、防漏、防潮能力
			房屋框架和墙体的建筑施工质量
			住宅产品的建筑用材(包括外墙面砖、花岗岩、涂料、门窗、公共部位装修材料)档次及外观质量是否满意
			门窗质量
		户型与布局设计	住宅产品设计的前瞻性方面
			按现有住房面积对户型的评价
			卧室、厅及各房间的布局合理性
			室内净高度
			楼内公用设施(如电梯间)的设计和使用
		功能质量	采光情况
			通风情况
			隔热/保暖情况

续表

对开发商售出的房屋及配套产品的满意度	产品品质	自然环境与人文环境	周围综合景观（绿化带等）
			小区内部景观（草地、湖、树等）
			人文环境（小区居民素质、文化氛围等）
			生活便利性（交通、购物等）
			噪声干扰
		配套娱乐设施	日常休闲场所
			运动场所和设施
			会所设施
			游泳池
			健康保健设施
	性价比		住宅产品的性价比是否满意
	品牌形象		对房屋开发商的企业诚信度的评价
			对开发商品牌宣传的评价
对企业提供的综合配套服务的满意度	开发商提供的销售服务	销售人员服务态度	微笑服务
			耐心细致程度
		销售人员服务素质	对楼盘全面了解的专业水准情况
			对行业政策、市场情况了解的专业水平
			处理问题、回复意见的及时性
		售楼处环境与设施	售楼处现场的整洁程度与舒适度
			楼书及其他宣传材料的美观性与实用性
	开发商提供的设施交付服务	交付效率	房屋交付的及时性
		交付质量	房屋交付的服务质量
	物业公司提供的物业管理服务	物业管理	物业管理整体满意度
			住宅区安全防卫情况
			物业管理人员的亲和力
			居住环境的保洁情况
			住宅绿化、除四害情况
			电梯服务
			机动车停放管理
			房屋维修服务
			社区文化活动
			物业收费合理性
			住宅供暖情况（无供暖地区不必填写）
		投诉服务	对投诉处理、维修服务人员的服务态度评价
			对投诉处理、维修服务人员的服务结果评价

▶ 影响客户满意度的 2 个因素

影响客户满意度的因素大致有 2 个：地产企业品牌形象和地产客户人群细分。

（1）房地产客户满意度品牌形象

地产客户满意度是预期与体验比较的主观感受。品牌形象直接影响预期，因此是重要的影响因素。

了解客户与品牌形象的关系可以从以下 3 方面着手。

①客户对地产及标杆企业的品牌形象认识

包括品牌美誉度；品牌形象（品牌印象、特有气质、产品形象、服务形象、社会认同、心理诉求）；品牌联想及品牌特色；各品牌形象之间的差异。

②客户认知对品牌意识的影响

包括品牌意识的高低；个性偏好和特点；产品质量/功能因素需求；消费者价值观；消费者生活形态；消费者人口特征；感知品牌形象与消费者价值观之间的联系。

③品牌指数研究

包括不同用户群体的品牌指数比较；各品牌的品牌指数比较。

（2）房地产客户满意度人群细分

不同城市、学历、收入水平的客户往往对房地产服务的评价存在较为明显的差异。因此，有必要了解不同细分客户群体的服务评价满意度情况，有的放矢地改进客户服务工作。

客户满意度人群细分的标准有多种。例如，分为以下三种：人口学指标（年龄、性别、收入、教育）；地理学指标（不同城市）；价值观、生活方式指标（观念、信仰、民族文化等）。

图 1-6　客户满意度人群细分的标准

某房地产公司客户满意度调查报告

某房地产公司客户满意度调查的对象、内容和方法如表1-11所示。

表1-11　某房地产公司客户满意度调查

对象	磨合期业主（已入住未满一年）、稳定期业主（入住一年以上，未满二年）、老业主（入住二年以上）
访问方式	入户面访或客户自填问卷
客户体验	销售服务、收房返修、小区环境规划设计、建筑设计、公共区域质量、房屋外部质量、房屋内部质量、物业服务、投诉处理、客户会和网站建设
客户满意度	业主忠诚度、总体满意度

主要指标说明：

忠诚度

同时满足以下三个条件的业主所占的比例：

①对产品和服务总体上满意；

②有再次购买楼盘的倾向；

③愿意推荐购买过的楼盘。

满意度或赞同度得分

业主感到"非常满意/完全同意"或者"比较满意/比较同意"的比例。即在10分制问题上，打分为"10"、"9"或"8"的有效百分比。

某房地产集团针对银川市和西宁市的主要住宅项目进行了客户满意度调查。总体满意度83分，销售服务（90）评价最好，客户会（56）和小区环境规划设计（58）评价最差。

表1-12　各楼盘各环节满意度

满意度%	总体	项目1一期	项目1二期	项目1三期	项目1四期	项目2二三期	项目2四期	项目3一期	项目3二期	项目4
总体满意度	83	92	84	72	88	92	100	68	82	78
销售服务	90	—	—	—	94	—	—	—	90	—

续表

满意度 %	总体	项目1一期	项目1二期	项目1三期	项目1四期	项目2二三期	项目2四期	项目3一期	项目3二期	项目4
收房返修	83	—	—	—	93	—	—	—	75	—
小区环境规划设计	58	—	—	44	59	—	81	—	58	68
建筑设计	77	—	—	74	91	—	80	—	70	75
公共区域质量	77	—	—	—	81	—	—	—	74	—
房屋内部质量	79	—	—	—	87	—	—	—	74	—
物业服务	81	84	80	65	87	88	94	65	86	76
投诉处理	38	33	50	17	—	100	—	33	—	—
客户会	56	53	55	33	100	62	75	100	60	—
网站	77	100	67	50	100	100	100	100	100	67

注：投诉处理样本量小于20，结果仅供参考。

表1-13　各楼盘销售服务满意度

销售服务	总体	项目1 四期	项目3 二期
总体满意度	90	94	80
1. 销售现场布置舒适，管理有序	89	88	90
2. 销售顾问态度友善、待人亲切	90	91	90
3. 销售顾问熟悉产品与流程，让您感觉专业	92	94	90
4. 销售顾问对楼盘的介绍是值得信任的	89	94	86
5. 样板房很好地展示了房屋的空间效果	84	76	90
6. 宣传资料的信息是客观的	84	79	88
7. 签约、付款、按揭等手续规范、便捷	86	88	84
8. 销售顾问签约前后服务态度始终如一	86	94	80
9. 签约后定时通报项目进展信息和重大事件告知	80	79	80
10. 邀请业主参加工地开放活动	73	79	70

表1-14　销售服务业主反馈

项目1 四期	项目3 二期
①没有样板房让业主看 ②某些销售人员从介绍到签约服务不到位 ③销售人员解释程度不够	①销售人员隐瞒房源 ②某些销售人员态度差 ③个别房产证有问题一直没有办好

表1-15 小区规划业主反馈

项目1 三期	①小区景观不如一般的小区，不上档次； ②人车不分流，无自行车道； ③停车位太少，无地下停车场，车位分配不合理； ④健身器材少，健身场地太小； ⑤无老年人活动场所； ⑥儿童的活动场所设施不完善； ⑦可供居民休息、交流的休闲场所少，无凉亭等； ⑧会所全部为私人办的有偿服务，失去其建设意义
项目1 四期	①道路交通不方便，停车位少； ②自行车棚太小太窄，不够用； ③无锻炼设施、无老年活动场所、无儿童活动场所、无休闲场所； ④空地都被车位占了，无活动空间
项目2 四期	①机动车太多，停车位太少，地面停车占用公共场地； ②缺失大众活动场所，如羽毛球场； ③绿化树种多样性应该提高
项目3 二期	①景观设计单调，绿化环境差，绿化品种少； ②停车位少，停车位不方便，台阶的小土堆一直无人打扫，进出很不方便； ③无老年活动场所，无休闲场所
项目4	①小区环境不尽如人意，绿地太少； ②停车位少，停车不方便； ③靠楼边的停车位应该安装车棚，防止楼上扔东西； ④小区环境规划设计欠周全

表1-16 建筑设计业主反馈

项目1 三期	①设计档次低，楼梯、楼道墙面没有贴上瓷砖； ②楼门口没有照明灯，夜间开门不方便； ③进门处面积大，相对而言客厅小，比起其他小区同面积的住户，客厅小了； ④隔音效果差，储物空间缺乏
项目1 四期	①楼间距太窄； ②入户门太小、卫生间小
项目2 四期	①电梯太小； ②空调室外机放置于阳台内，夏天热气无法顺利排出，造成空调无法制冷； ③地暖分集器位置不便于操作； ④阳台设计有些浪费； ⑤储物空间太小、太少； ⑥小户型在功能设计上没有小冷藏室或小露台，需要储存的蔬菜和水果无处存放，感到很不方便
项目3 二期	①电梯太小，无电话，不安全； ②房间不隔音，阳台太小； ③楼盘商业铺面的烟囱设计不合理，油烟太大
项目4	①隔音效果差，不通风，通透性能还是不好； ②地暖及水管不合理，经常出毛病； ③未设计晾衣空间，不方便； ④储物空间未设计，设计缺乏前瞻性

由总体满意度调查表和业主反馈可以看出，楼盘的规划设计的不合理之处不少，其设计质量和水平有待提高。

房地产客户研究的5种方法

研究客户需求的方法有以下5种：二手资料检索、家庭座谈会辅以观察法、深度访谈、定量访问和实地调研。

 定量访问 研判目标客户的需求信息

 深度访谈 获取主要数据，发现二手数据的信息来源

 实地调研 对第一手资料的调查活动

研究客户需求的五种方法

 家庭座谈会辅以观察法 获取第一手有用资料

 二手资料检索 获取二手数据

图1-7 研究客户需求的5种方法

方法一. 二手资料检索

数据研究是客户研究的重要方法。

使用数据分析能得出一个区域内相对宏观的客户信息。相对于一手数据而言，二手数据的获取方式比较快捷，人力物力的耗费成本相对较低。在客户研究中常常采用二手资料检索的办法。资料来源于各种专业研究机构、国内外行业协会发布的研究数据等。

处理和分析数据是一项非常专业的工作。直接使用专业机构的结论是一个方法，还有很多可以自行研究得出结论的方法。这要求分析研究者要在分析数据时候发现繁琐又有

共性的问题,从不同维度去分析和挖掘数据,根据数据去了解企业的运作方式、发展状况和管理难题。

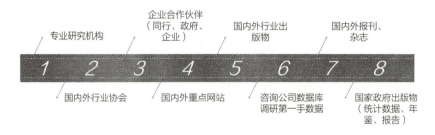

图1-8 二手资料检索资源来源

方法二. 家庭座谈会辅以观察法

家庭座谈会是一种特殊的定性研究方法,主要应用在以家庭为单位购买及使用的产品研究中,通常由8~10名满足条件的采访对象组成。这些采访对象围坐在一起,由经过训练的主持人,按照事先拟定好的座谈会大纲,用大约1~2个小时时间对采访对象诱导、启发以获得对某一课题的市场信息和详细认识的方法。

辅以观察法是指理解受访者表层语言下包含的真实意图,真实记录受访者房屋需求的特点,帮助研究人员和委托方理解房屋需求产生的原因及产品的实际表现。

家庭座谈会辅以观察法适用于了解消费者对某个楼盘的认知、偏好及行为,研究楼盘广告创意,获取客户对具体市场营销计划的初步反映(产品测试)。

表1-17 家庭座谈会辅以观察法的优缺点

优点	缺点
氛围较轻松,客户的胁迫感少	人数较多,在操控上难度大
客户之间有观点的碰撞	可能会制约真诚的观点交流 可能出现意见领袖 主持人可能使群体的进程缓慢
开发商可以到现场观察,获得第一手有用资料	回答数据无结构、凌乱,寻找十分具体化的个体比较困难

方法三．深度访谈

深度访谈不仅可以得到主要数据，还可以发现二手数据的信息来源。

调研中的深度访谈价值不仅局限于数据收集，还可以作为验证观念、增加买进的一种机制，以此建立间接的商业机会。

深度访谈属于定性研究方法，是一种无结构的、直接的、一对一的访问，在访问过程中了解受访者的见识与经验，并进一步洞察受访者对某一问题的潜在动机、信念、态度和情感。

深度访谈适用于详细了解市场的复杂行为，讨论一些较保密、较敏感的话题、访问竞争对手、专业人员或高层等。

表1-18　深度访谈的优缺点

优点	缺点
能获得多数和少数的观点	观点交流不便利，无法产生客户之间的互相碰撞
可以探讨十分隐私、个人的话题	时间长
单独预约难度更小（例如：单独客户或者有权力的经营者）	成本高
典型抽样	结构常常难以解释和分析

▶ 深度访谈的3种形式

客户研究的深访可分为3种形式：客户访谈、专业访谈、专家访谈。研究主流产品线可通过客户访谈和专业访谈，研究高端及度假产品可以通过专业访谈和专家访谈。

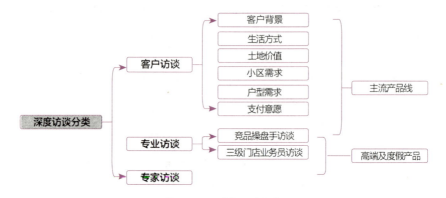

图1-9　深访的3种形式

类型 1. 客户访谈

客户访谈是指直接接触客户，从客户背景、生活方式、土地价值、小区需求、户型需求等方面与客户进行深入沟通，了解客户的真正想法。

类型 2. 专业访谈

专业访谈是指与竞品对手的操盘手进行访谈或者与三级门店的业务员进行访谈，主要目的在于抓住最了解客户的人，通过他们发现客户的需求。

类型 3. 专家访谈

专家访谈是指对专业人员或高层进行访谈，在访问过程中了解专家见识与经验，这种形式很考验访谈者提问的技巧与观察的能力。

▶ 2 访谈的 2 种提问方式

访谈中的提问方式非常重要，不同的提问方式将会取得明显不同的访谈效果。
一般的访谈有两种典型的提问方式。

图 1-10　两种典型的提问方式

方式 1. 漏斗式提问

漏斗式提问简单来说就是一个逆向思维，站在对方角度考虑问题的倒金字塔模式。漏斗式提问真正从对方的角度出发，并且一步步引导对方产生需求，适用于访谈者对项目不了解，通过与被访谈者的思维碰撞去找方向。

漏斗式提问一般以开放式问题开始，封闭式问题结束。一般在以下情况会用到这种提问：

①在有充足的交谈时间前提下；

②试图与初次拜访对象或关系一般的销售对象在短时间内建立良好印象、增强信任度；

③涉及敏感话题，不便直接进入主题；

④为了鼓励访谈对象畅所欲言，让其提供更广泛、更深入、更全面的信息。

方式2. 倒漏斗式

倒漏斗式访谈一般以封闭式问题开始，开放式问题结束。在以下情况，可采用倒漏斗式进行访谈：

①与拜访对象有着长期、良好的客户关系；

②涉及即将开展或者已合作的项目，双方对专业和项目的情况比较了解，不需要解释时的提问；

③双方的时间比较有限，需要用更少的时间完成更多的工作；

④此种访谈方式必须是技术人员才能做得到。

采用封闭式问题时，要注意避免因为获得的信息有限，以及较难辨别虚假信息造成对整体情况做出错误的判断，所以在倒漏斗式访谈后期会采用开放式问题，对了解具体的信息或者一些细节进行印证。

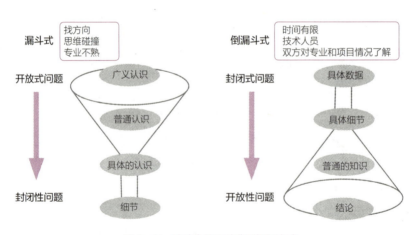

图1-11 访谈中的两种典型提问方式

❸ 访谈的5个技巧

访谈时注重技巧，有利于把控局面，引导访谈顺利进行。

下面介绍5个重要的访谈技巧：

①注重主持人的性格与能力，主持人态度要友好，有能力控制会场，使访问的气氛既轻松又紧张，并能集中焦点，获得有效信息；

②用音调、语速和眼神集中客户注意力;

③有目的地倾听,边听边记;

④要把握提问的时机、方式和措辞;

⑤要有处理突发问题的能力,如遇到客户抱怨、投诉时,适当倾听,并给予反馈,说明自己的访问目的。

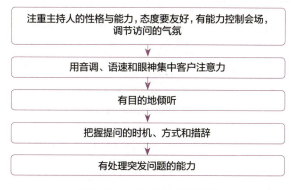

图1-12　5个重要的访谈技巧

杭州某企业外来购房群体的访谈

对杭州某企业外来购房群体进行访谈

一、访谈目的

通过对杭州市外来(省内)中高端客户(以下简称"目标客户")进行访谈,了解其基本社会属性、购房动机和价值观、目前居住状况、生活形态,深入挖掘其购房心理和产品需求特征,预判其未来职业时间点、动机和动线图,对目标客户进行价值观分类及对应的产品类型选择。

二、访谈方法

1. 座谈会

开发商、媒体座谈会,另外从温州和义乌预约目标客户,在当地进行座谈会形式的访谈,借助观点的碰撞深度挖掘目标客户的需求和置业动机。

2. 专家访谈

以二对一/一对一深访形式，与3位房地产行业专家（上海和杭州专家）进行深度访谈，了解与房地产相关的国家政策和杭州当地政策，为下一步针对目标客户的政策影响测试收集资料。

3. 电话访问

以电话采访形式访问20位已成交的目标客户，主要了解近期浙江经济形势出现新变化时，目标客户的购房意愿和购房计划。

三、访谈信息整理

将访谈信息录音、记录整理成文本信息，研读资料，标记重要信息，数据汇总，掌握每个访谈客户的真实需求。

方法四．定量访问

定量访问即选取小范围内客户的真实需求作为研究样本，从而研判出目标客户的需求信息，主要调查方式包括电话访问、面访访问、邮寄访问或网上调查等。其中，面试访问中的拦截式访问和入户访问是房地产客户需求研究常用的两种定量研究方法。

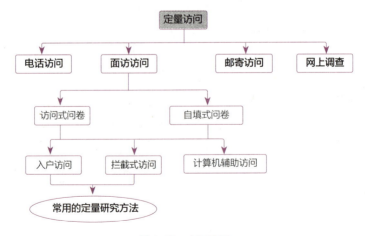

图1-13 定量访问

方式 1. 拦截式访问

拦截式访问有 2 种执行方式：街头拦截和定点拦截。

街头拦截又称为不定点访问，它是在街区选择恰当地点，一般为商业街、娱乐场所、生活小区等地点，由访问员对拦截的合格客户进行访问。

定点拦截则是在商业街选择一个相对固定的地点，一般应选择具有足够多的座位、环境较好、能够让客户感到安全的地点。访问员在选定点附近拦截合格的客户，并引导客户到此固定点接受访问。

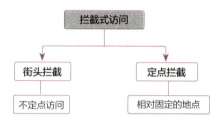

图 1-14　拦截式访问的两种执行方式

表 1-19　拦截式访问的优缺点

优点	缺点
成本低	某些群体的访问成功率低
实施较为容易	质量控制较困难
可以获得较多内容、较高质量的数据	不适合较长的问卷

方式 2. 入户访问

入户访问即访问员按照研究项目规定的抽样原则到客户的家中或工作单位，找到符合条件的客户，直接与客户进行面对面的交流。

访问采用读录法进行，必要时出示卡片和图片，访问结束时赠送礼品。

表 1-20　入户访问的优缺点

优点	缺点
随机误差小，容易推断总体	由于严格的物业管理和客户的戒备心理，入户越来越困难，拒访率高
与客户有互动，可以通过观察客户家庭环境判断客户背景和回答的真实性	执行周期长、成本高
可以出示卡片、图片等，对于形象化和复杂概念的测试比较适合	对访问员的要求较高，质量控制困难

方法五. 实地调研

房地产客户实地调研，就是指对第一手资料的调查活动。通过实地调研，有目的、有计划、系统地收集房地产客户方面的各种资料，通过对相关的客户信息收集、整理、记录和分析，对客户的购房需求进行研究与预测。

▶ 实地调研的内容

可以通过3个方面进行实地调研：城市概况，目的是为了清楚当地城市的地产环境以及客户的生活水平；区域配套，目的是寻找区域客户的共性，锁定竞争半径；客户信息收集，目的是为了寻找客户市场机会点，寻找潜在客户。

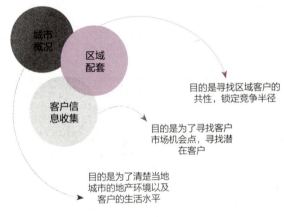

图1-15 实地调研的3个内容

调研1. 城市概况

城市概况调研目的是为了清楚当地城市的地产环境以及客户的生活水平。调研的内容包括3方面：

①城市规划，如：区域规划、功能区规划、新城规划、产业规划、交通规划；

②项目周边产业分布；

③社会对项目区域的固有认知；

④当地经济发展水平。

某项目的城市概况调研内容

表1-21 某项目的城市概况调研内容

城市规划	区域规划	环渤海、"两轴两带多中心"
	功能区规划	CBD、中关村西区、WSD
	新城规划	房山新城、通州新城
	产业规划	产业园区
	交通规划	轨道交通、重点道路
项目周边产业分布		产业园、大企业、重点写字楼、知名院校、科研单位、政府机关、军队机关
社会对项目区域的固有认知		东西富贵、南北一般

调研2. 区域配套调研

区域配套调研包括教育配套、医疗配套、商业配套、娱乐休闲配套、交通配套等。

教育配套调查幼儿园、小学和中学的级别、口碑、划片情况、入学条件等；大学调查其口碑、人文积淀、园林景观等。

医疗配套调查医疗机构的等级、口碑及重点科室。

商业配套调查附近商圈的重点商业项目、超市、商场、知名餐饮、银行网点等。

娱乐休闲配套调查景点、古迹、游乐场、公园、影院、运动健身场馆等。

交通配套调查道路交通、轨道交通、公共交通等。

调研3. 客户信息收集

客户信息收集包括客户的来源、年龄、职业、置业特征、关注点、置业目的、付款方式、生活价值观等，即客户的物理属性、精神属性、需求分析的信息收集。

▶ 实地调研流程

实地调研流程有 3 个步骤：调研准备；实地调研；汇总讨论，形成成果。

图 1-16　实地调研的 3 个步骤

（1）调研准备。准备内容包括 5 个方面：确定调研目标、划定调研范围、预先收集资料、准备调研表格，对小组进行分工。

（2）实地调研。着重调查的内容有：在售楼盘调查、商业中心调查、已建成社区调查、客户基本信息调查。在调研的过程中，调研人员要尽可能详细地记录客户或楼盘相关信息，与被调研者建立良好的人际关系，为今后数据、信息收集作铺垫。

（3）汇总讨论，形成成果。分类汇总收集的信息，手绘区域图并标明竞争产品、项目配套等各项调研成果。

某项目实地调研报告

一、城市概况

石家庄地处河北省中南部，冀中南经济区，是河北省省会，全省的政治、经济、科技、金融、文化和信息中心。项目紧邻城市主干道建华大街，南至栾城北到正定，交通十分便利。

二、项目周边竞争楼盘分析

项目周边分为两个板块：中高端居住板块和中低端居住板块。

表1-22 中高端居住板块和中低端居住板块的共同之处

中高端居住板块的4个共同之处	中低端居住板块的4个共同之处
建筑形态主要为高层或小高层	建筑形态主要为高层、多层
户型区间为50～160平方米，主力户型以两室、三室为主	户型区间为65～130平方米，主力户型以两室90～100平方米
项目定位一般为中高端	项目定位一般为中低端
项目一般都配有会所、幼儿园等配套设施	项目配有少量简单设施

三、项目周边配套

学校：亚龙双语幼儿园、长安区实验小学、翟营大街小学和五十二中。

购物：建华商场、北国超市、先天下、国际汽贸城、鼎坚五金市场、红星美凯龙。

医院：中铁二局医院、石家庄市第二医院分院、省中医院。

公园：项目北侧的小型公园、石津灌渠、月季公园、东古城遗址公园。

四、项目配套

建立动静会所，既能作为高档消费人群休闲娱乐的场所，又能提高项目的品质和档次，而且在前期还可以作为售楼部使用。会所内设置主要有商业设施、运动健身、休闲娱乐等，既可满足社区内部居民使用，也可对外营业。沿街商铺开始居民生活配套的饭店、超市、饰品店、花店等。

现代简约风格，立体园林，植被多样，层次丰富。

五、对应客户的需求

目标客户群主要为一些中低收入的工薪阶层，为解决住房问题的刚需族，通常是第一次置业，对价格、位置较为关注。

第三节 房地产客户需求研究的流程

一般情况下，客户需求研究的流程有5步：
确定研究目的→设计方案→执行项目→分析资料数据→撰写报告。

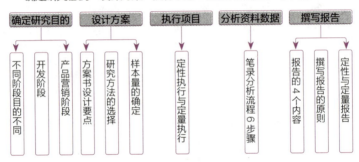

图1-17 客户需求研究的流程

流程一．确定研究目的

　　房地产的客户需求研究会始终贯彻于房地产开发的各阶段，是营销工作的关键指导和战略部署的基础。房地产客户研究工作步骤也是依赖地产开发阶段划分而分解出来的。阶段不同，客户需求研究的目的不同。

　　房地产客户研究在房地产开发的两个阶段里工作量比较大，一是前期开发阶段，二是产品营销阶段。

第三节　房地产客户需求研究的流程

▶ 前期开发阶段

房地产前期开发阶段又分 6 个程序：城市进入、土地获取、项目定位、规划设计、产品营销、客户入住。

图 1-18　房地产前期开发阶段的 6 个程序

表 1- 23　开发阶段的客户需求研究目的

开发阶段	研究目的
城市进入	了解客户购买力及购房消费特征
土地获取	了解客户从哪来以及潜在客户特征
项目定位	了解客户喜欢什么产品，接受什么价格
规划设计	了解客户对于设计的产品是否满意
产品营销	了解通过什么方式能让客户接受产品和价格
客户入住	了解客户对产品和服务是否满意

▶ 产品营销阶段

产品营销阶段分为 3 个时期：前期、中期和后期。

表 1- 24　产品营销阶段的客户需求研究目的

产品营销阶段	研究目的
前期	1. 清楚目标客户的对象 2. 清楚细分市场 3. 了解目标客户的分布
中期	1. 了解目标客户需求的产品特征 2. 制定打动目标客户的方案 3. 制定销售方法
后期	1. 如何让客户重复购买 2. 如何让客户推荐购买 3. 了解品牌在客户心中是何种形象

流程二．设计客户需求研究的执行方案设计

设计方案时要注意 3 个方面：方案设计要点、研究方法的选择、样本量的确定。

▶1 客户研究的方案设计

客户研究的方案设计要点有 3 个：
①解构是核心关键，深入理解、把握并梳理开发商需求，定位研究对象；
②主次分清是优势体现，针对重点环节展开，有主有次；
③综合体现是表现形式，综合体现内容、方法、结果。

▶2 客户研究的适用方法

研究有定性研究和定量研究之分。定性研究属于探索性研究，它是对问题进行深入探讨和给出诊断，即回答为什么和将会如何（why/how）的问题。定量研究属于描述性研究，通俗地讲，即回答是什么（what）的问题。

房地产客户研究中，常用的定性研究方法有座谈会和深度访谈，定量研究方法有入户访问和拦截访问。房地产客户研究分析通常需要定性和定量两者的结合。

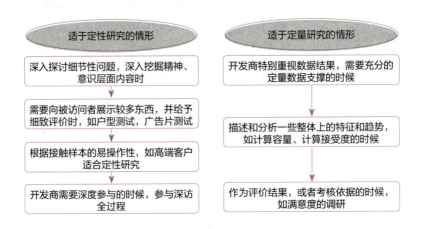

图 1-19　定性研究与定量研究的适用情形

❸ 客户研究样本量的确定

选择研究方法不同，客户研究的样本量确定形式也不同。客户研究样本量的确定要基于两种研究方法而定：一是定性研究，二是定量研究。

方法 1. 定性研究

一般而言，典型项目定性访问需要 8～30 组样本。但具体如何确定这个数值还受项目其他因素影响，比如预算限制、研究问题性质、目标人群中有多少"群体"需要独立分组加以访问等。一般来说，对客户进行研究，定性研究的样本总体数量要少于定量研究样本量。

定性研究的提纲设计步骤如下：

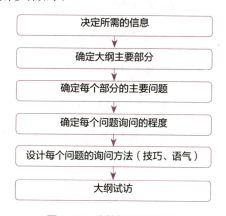

图 1-20　定性提纲设计步骤

方法 2. 定量研究

定量研究的样本量比定性研究的量要多，这有利于数据的全面收集。

一般而言，商业性市场调研样本为 200 个、250 个、500 个、800 个、1000 或 2000 个。此外，确认样本数还应基于三个因素的考虑：置信水平及抽样绝对误差、保证足够的分组样本分析、成本效益最大化。

第一章 | 客户研究分析

图 1-21　确认定量研究样本数的三个因素

定量研究的问卷设计步骤如下：

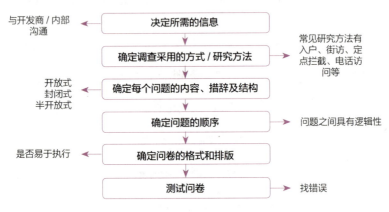

图 1-22　问卷设计步骤

流程三．客户需求研究执行过程

在执行项目客户研究的过程中，对于定性研究的执行，访谈客户时要注意访谈技巧，着重处理访谈过程中的突发问题。对于定量研究的执行，要注意掌控其全面流程和解决突发问题。

图 1-23　客户需求研究执行

▶ 1 定性研究执行

在定性研究执行过程中，可运用投射技术，即创造一个模拟环境（语言／情景），将参与者置于其中，目的是获得通过直接提问无法获得的信息。

投射技术分为语言类投射法和活动类投射法两种。

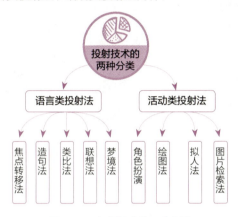

图 1-24　投射技术的两种分类

（1）语言类投射法

焦点转移法、造句法、类比法、联想法、梦境法等，这类方法更多用于深度访谈。

（2）活动类投射法

角色扮演、绘图法、拟人法、图片检索法等，这类方法多用于座谈会。

▶ 2 定量研究执行

定量研究执行，要熟悉定量研究方法。如果采取的是拦截访问，则要清楚拦截访问的流程及预估其过程可能出现的问题。

拦截访问的流程：确定执行组人员→租借场地→访问员培训／试访。

拦截访问过程中可能出现以下问题。

第一章 | 客户研究分析

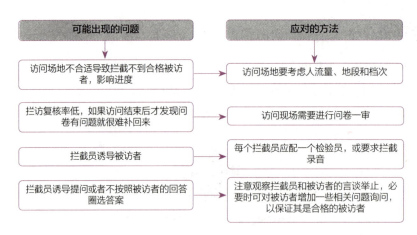

图 1-25 拦截访问过程中可能出现的问题

流程四．分析客户需求研究的资料数据

项目调研的过程中，深度访谈的客户会比较多，这期间的注意要点有两个：一是多采用专业笔录提供的逐字笔录有助于研究人员撰写更详细的报告，回忆客户回答问题时的语气和表情；二是做好笔录分析流程的梳理，有利于抓住问题的关键之处。

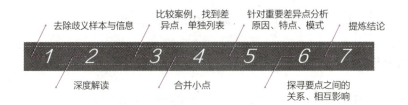

图 1-26 笔录分析流程

流程五. 撰写客户需求研究报告

撰写客户需求研究报告包括的内容有 4 项：研究概述、研究结论建议、研究主体发现和附录／附件。

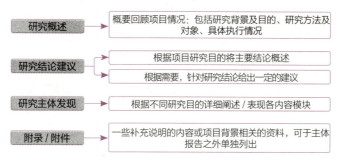

图 1-27　撰写客户需求研究报告的 4 个内容

▶ 遵循撰写报告的 4 个原则

撰写客户需求研究报告要遵循 4 个原则。

（1）解决问题

即切实解决房地产开发企业想要了解的主要问题。

（2）实现亮点

即体现专业水准，争取每个项目都有新的发现，出现亮点。

（3）转换语言

即尽量争取能用开发商惯用的表述语言将研究成果展示出来。

（4）得出结论

即将研究的主要结论放在突出位置加以显示，确保简洁明了地展示结论。

▶ 定性报告与定量报告形式丰富

定性报告的表现形式丰富多样，解释说明以文字为主，可以用简单的图形／小插图将意图呈现，文字表达言简意赅。

定量报告要通过数字说话,通过确凿、翔实的数字和简练、生动的文字进行说明和分析。

常州某地产项目的大户型客户需求研究范本节选

常州大户型客户需求研究

一、研究目的

1、了解常州居民对大户型的需求情况、消费行为特征、住宅需求偏好,实现对常州大户型客户进行市场细分研究。

2、针对大户型产品需求研究,完善新城房产产品库体系,并根据客户的需求对新城建筑设计中提出大户型产品建议。

二、研究方法

表1-25 研究方法

	定量研究→基础调研	定性研究→深度挖掘
研究方法	入户访问、不定点拦截访问 ·典型楼盘出入口 ·商业集中地	一对一深访 ·客户家中 ·休闲场所
样本量	已购大户型50个 大户型意向客户100个	大户型意向客户20个 其中具有拼合户型意向客户6个
研究对象	·已购大户型:户型面积120平方米以上 ·年龄、性别均匀分布	·已购大户型:户型面积120平方米以上 ·年龄、性别均匀分布
主要解决	·大户型需求量 ·现有大户型购买人群特征 ·大户型意向客户需求动机和需求特征 ·大户型意向客户对拼合户型的购买意向、驱动因素、阻碍因素	·现有120平方米以上户型优缺点 ·大户型、拼合户型意向客户需求动机和需求特征 ·大户型、拼合户型意向客户生活状态及价值观 ·拼合户型产品测试

三、报告写作

对大户型客户进行人群细分,针对不同人群,分别详细描述其对不同产品户型的需求。

第四节

客户购房关键接触点分析

客户关键接触点是指销售过程中开发商与消费者发生信息交换的点,通过对客户购房关键接触点的研究,能了解客户购房的真实想法,提高前期客户定位的准确性,提高后期客户购买的成功率。

图1-28 客户购房关键接触点分析

客户购房关键接触点研究的3个内容

客户购房关键接触点研究的内容有3方面:客户看房意愿关键接触点、客户购房意愿关键接触点、客户推荐意愿关键接触点。

图1-29 客户购房关键接触点

▶ 客户看房意愿关键接触点

现在房地产企业强调最多的是客户来现场后服务应该怎么做,沙盘怎样讲解,样板间怎样参观等。这些在最早客户产生看房意愿的阶段比较容易忽略。企业应该在客户第一次深入亲密接触项目时就做好工作。只有客户来看房,才能有机会决定是否买房。这才是珍贵的销售机会。

客户看房意愿的关键接触点一般在以下 3 个渠道中体现。

(1) 电话咨询

客户看房之前一般先要进行电话咨询,企业销售团队管理部门在日常工作中也都有来电和来人统计。

根据统计和分析发现,电话咨询环节中有 8 大关键接触点,其中有 3 个最关键,加起来贡献度占到将近 70%,分别是:热情、耐心接待来电,主动提供销售顾问姓名和联系方式,清晰说明项目实际位置。

表 1-26 电话咨询环节 8 大关键接触点

关键接触点	影响系数	贡献度
热情、耐心地接待来电	0.32	44.5%
主动提供销售顾问的姓名和联系方式	0.09	12.9%
清晰说明项目的实际位置	0.07	10.2%
充足的销售热线接待能力,没有占线	0.07	9.3%
清楚地介绍具体路线	0.06	8.8%
礼貌地邀请您到现场参观	0.04	5.9%
明确说明楼盘价格	0.04	5.5%
明确说明工程进度和销售进度	0.02	2.9%

由此可见,电话咨询热情、耐心是关键,良好的服务态度有利于吸引客户实地看房。主动提供联系方式,有利于直接解答客户的咨询,掌握客户的购买意愿。清晰说明项目的实际位置,有利于节省客户的寻找时间。

(2) 项目自建推广媒体访问

在客户访谈中传递出一个信息,即现在项目必须有项目自建推广媒体,如项目网站、项目官方微博、项目官方微信等。客户了解项目的过程是:首先,通过搜索引擎了解项目;

接下来，有了基本了解后看到广告会在网上搜索关于项目的各类信息，看基本资料；最后，去看社区论坛和官方微博微信，主要是看看业主、看盘人、同行及媒体对楼盘的负面评价。就像我们网购时选择商品也重点看差评是一个道理。因为一般在媒体上能看到楼盘负面评价的地方只有网络。

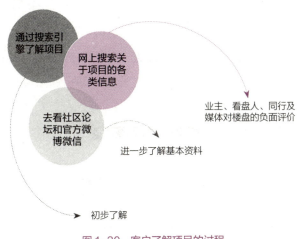

图1-30　客户了解项目的过程

（3）道路导识系统

现在很多楼盘，因为郊区化，位置都很偏远。消费者一般不熟，不认识路。所以，从城市主干道到项目一路上要有导识系统，让客户能顺利到达项目。这也是增加客户看房意愿的重要因素之一。楼盘道路导识的两个设计要求，一是清晰，二是减少距离感。

①指示路牌充足，指示清晰；

②在高速公路出口、路口拐弯处、分叉路口等地，充足设置市政路牌；

③路牌标注公里数，让驱车前往的客户有一定路程预期；

④路牌标注路况，如分岔路标识等，让客户充分了解路况；

⑤缩短距离感，专路通达。

对偏远大型楼盘，在主要交通道路上提早指示，并结合大型户外广告牌或沿路彩旗的展示，除了增强指示外，更能让客户缩短对楼盘距离的感知，感觉快到了，也感觉不难找，交通方便。

对顶级豪宅，若有一条通往楼盘的专门道路，客户感觉更"私家"（独占的心理诉求）、更有档次。

❷ 客户购房意愿关键接触点

客户购房意愿关键触点（二级结构图）主要有 3 点：

①楼盘特点关键接触点；

②购房服务关键接触点；

③购房紧迫感。

有客户研究显示，这 3 点在受客户关注程度上所占的比例分布为：楼盘特点占 50% 权重，购房服务占 30%，紧迫感占 20%。"5∶3∶2"的比例说明了楼盘销售主要是产品为本，服务加分，紧迫感助力。

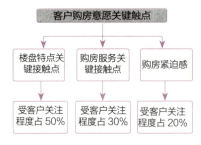

图 1-31　客户购房意愿关键接触点

（1）楼盘特点关键接触点

不论在服务或销售技巧等方面有多精熟，产品首先要做好。大部分客户都更关注房子自身品质、性能价格、相关配套才是楼盘销售的最关键之处。

楼盘特点关键接触点众多，包括物业管理、建筑风格、周边配套、地段、开发商品牌、景观、户型等，其中景观、地段、建筑风格是客户最看重的 3 个楼盘特点。

（2）购房服务关键接触点

购房服务 5 大关键接触点包括：电话咨询、顾问营销、打消疑虑、激发想象、促进成交（紧迫感）。

图 1-32　购房服务的 5 大关键接触点

第四节 客户购房关键接触点分析

如何应对购房服务 5 大关键接触点。

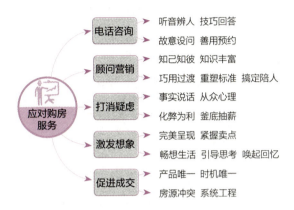

图 1-33 应对购房服务 5 大关键接触点

表 1-27 应对购房服务 5 大关键接触点

关键接触点		应对方法
电话咨询	听音辨人	电话咨询是楼盘销售顾问接触客户的第一环节，由于无法察言观色，听音辨人尤为重要
	技巧回答	电话咨询时间很短，客户提出问题又很具体，如提问价格等关键问题，有技巧地回答，才能在简短的语言沟通中规避风险、传递价值、激发兴趣和客户来访数量
	故意设问	故意设置客户关注的问题，强调帮客户落实清楚后再电话沟通，不仅能有效获得客户的联系方式、顺利地再次联系，还能增加客户信任感
	善用预约	项目多为中高档楼盘，预约制能够辅助凸显楼盘档次。要预约，但不能太机械，要合理预约
顾问营销	知己知彼	楼盘销售顾问不仅要了解产品，还要善于提问，了解客户在购房所面临的问题、客户购房心理。知己知彼是顾问营销的第一步
	知识丰富	了解客户的真实需求后，销售顾问要在平时积累的经验和知识库中，找到满足该客户购房需求的最佳解决方案
	巧用过渡	当客户已有一竞品作为首选时，直接比较某项目和该首选项目可能导致客户的反感和防备心理，巧用第三方项目作为过渡，相对温和地改变客户心中原有的想法
	重塑标准	高端客户对事物都有自己的认知和判断，他们不喜欢销售顾问提供的答案，销售顾问不应直接推荐誉美项目，而应从专业角度帮他们重塑心里"审美标准"，让他们在新标准下作出有利于项目的最终选择
	搞定陪人	房产是高价值商品，客户购房非常慎重，购房决策的利益相关方也很多。因此，不仅要搞定主要决策人，还要重视陪同看房者意见，保证万无一失

续表

关键接触点		应对方法
打消疑虑	事实说话	打消疑虑，一定要用数据、事实等客户觉得客观可信的论据，让客户眼见为实
	从众心理	除用事实说话外，还应从感性层面消除客户疑虑。讲述亲身经历、专家客户或名人客户购买的案例，利用客户从众心理能起到不错的效果
	化弊为利	在化解疑虑的同时，进一步做到化弊为利
	釜底抽薪	客户疑虑有些是因为不正确的盲从心理所产生，对疑虑问题直接解释不如直接挑战客户产生疑虑问题的基础，从而化解该问题
激发想象	完美呈现	激发客户想象，一定要将项目最美的一面展示给客户，必须找到最佳的时点、最美角度、最恰当的呈现形式，辅以适合的道具，将美丽做到极致
	紧握卖点	在完美呈现产品的同时，要注意把握客户敏感点和产品独特卖点，加以重点引导
	畅想生活	从对产品介绍升华为引发客户对未来生活的畅想
	引导思考	有的客户对美景和话题没反应，这时采用先提问请顾客回答，再进行讲解的方式，引导客户思考和参与，激发正面想象
	唤起回忆	每个人心中都有珍贵的回忆。激发想象，并不仅是希望客户能想象到未来的美好生活，一些场景和话题如果唤起客户美好回忆，可增强客户对项目的好感
促进成交（紧迫感）	产品唯一	房地产有其特殊性，每一套房子都是独特的。充分挖掘产品的唯一性，给客户一个必须买这套房子的理由
	时机唯一	对房地产唯一性不敏感的客户，时机唯一性很重要。"限时优惠，即将提价"等是让客户产生时机唯一紧迫感的重要手段
	房源冲突	客户看好一套房子但犹豫不决，如告知这套房子很多人准备预定或因为某些原因（总价低、朝向好、楼层佳、户型稀缺）等原因会很快被买走，往往会加快成交
	系统工程	系统规划，相互协同

（3）购房紧迫感

购房紧迫感来自销售人员的话语和销售现场氛围两方面。如公布预订者数量和名单：销售人员明确告知未来房子的变化信息，如"可能价格要上调"，"这个户型的房子还剩最后××套"。如果销售现场看房人很多，售楼部大厅销售控制表可以做得醒目一些。因为销售控制表对已经销售或被预订的房子情况对客户是一个刺激，这些话语和现场氛围都能增加客户购房紧迫感。

❸ 客户推荐意愿关键接触点

意向客户阶段，推荐多发生在初次看房之后。若想推荐回馈得到广泛接受，要有回馈利益点，不管是积分还是免物业费都可以。回馈对于推荐有明显提升作用，尤其对于意向客户更明显，是客户推荐意愿的关键接触点。

在购房意愿关键接触点中，楼盘特点，也就是产品受到的关注度最高。在客户推荐意愿关键接触点中，服务感受的推荐作用更强，在起到推荐作用的同时，还有利于宣传项目户型等产品本身的特点。购房触点注重的是理性判断，推荐触点注重的是购房体验。

某企业4种典型项目客户关键接触点研究

1. 度假系列项目
2. 城市高层系列项目
3. 顶级豪宅系列项目
4. 青年住宅系列项目

针对4种类典型项目客户进行访谈，从装修、景观、服务等细节总结各类客户对于销售展示区的关注点。

图1-34 对楼盘的大致描述

预约看楼	销售中心接到客户电话，先做好登记（姓名、电话、何时来看楼），以便做好迎客准备，客户感到像专门进行了预约，也感到销售人员是知道客户要到现场的，会做好准备，有尊贵感
大门	大门宏伟、大气，很有艺术感，像古堡，感觉只要进了门后就会进入另一个童话世界
林荫大道	入口的林荫大道感觉很好，像私家路，在这条路上人一下子就安静下来了，并且两旁视野开阔，旁边有湖，很舒服、宁静、惬意
服务生引路	进门后，路上都是高素质的服务生（而非路牌）指引，他们穿着白衬衫和马甲，有点贵族式的感觉
停车场	一路将车开到停车场，车场路面宽阔，进出口分布合理，车位也足够；周围环境绿化好，车停在树中间也不会被晒
流程安排	①由销售代表带领按照规定路线参观讲解，所有信息不遗漏呈现给客户，且让客户感到省心，无须自己到处转； ②销售代表全程一对一跟踪，贴心顾问； ③功能区与娱乐休闲区间隔，舒缓紧张情绪
沙盘	超大沙盘大气清晰，模型和现场相近
销售中心大厅	走进大堂，高档华贵，以淡色为主，配合外面绿色的园林，豪华而不俗气；天花、吊灯、地板的用材均能体现其档次
湖	湖面视野开阔，蓝天绿水，空气清新，旁边的梯田水景也不错
高尔夫球场	旁边有高尔夫球场，景观一流
样板房	落地玻璃简洁、大气，采光较好，别墅面积大，挺气派，适合大家庭居住，能看出一些四合院的风格，透出传统底蕴

47

客户看楼的关注点

客户看楼前通常打算花最多时间参观样板房,其次是参观园林环境。

- 青年住宅、城市高层系列:客户尤其关注样板房。
- 度假、顶级豪宅系列:客户买的是健康、优美的居住环境,享受休闲的生活方式,因此,除板房外对园林环境也非常关注。

1. 青年住宅系列——最关注房子本身

客户语录:我们就是买房子的,房子质量好、户型好、实用率高、价格合理、能支付就行了,小区能有些树呀花呀也差不多了,又不是有钱人,能讲究那么多的话我都去买豪宅了。

2. 城市高层系列——最关注房子,同时也关注公共活动空间

客户语录:过来主要是看房子呀,这房子结构不错,看起来空间大,很喜欢;社区环境觉得玩的空间不太够,就是孩子活动的空间,比如说篮球场之类的。

3. 度假系列——关注社区环境,同时也关注度假休闲的设施

客户语录:人家说这里环境好,就过来看看。旁边有个水库公园,总体不错。但看完后感觉缺少公共活动空间,比如老人、小孩子的活动场所。这里的休闲成分不够。

4. 顶级豪宅(郊区型)——最关注稀缺环境、独一无二的价值

客户语录:就是看中那里的环境,有山有湖,高尔夫球场。广州周边来说,环境不错。

影响客户关键接触点的 3 个因素

不同类型客户的关键接触点各有差异。影响客户关键接触点的因素有 3 个方面:客户所在城市差异、客户性别差异、客户家庭结构差异。

图 1-35 影响客户关键接触点的 3 个因素

因素 1. 客户所在城市的差异

客户所在城市不同，生活环境、理念、文化上也会存在差异，这对客户关键接触点造成了一定的影响。城市不同，客户看房、购房关键触点也不同。

以北京、成都、重庆、上海、西安等四个方向的城市居民性格特点为例。

表1-28 不同城市的客户关键接触点

地区	客户看房意愿关键接触点	客户购房意愿关键接触点	
		楼盘特点关键接触点	购房服务关键接触点
北京	电话咨询非常关注楼盘各项工作进度，像政府官员视察工作	看重小区道路和停车设计	北京、成都客户注重售楼中心的生活体验，对于能激发他们对未来生活想象的服务接触点非常感兴趣
成都	成都人与重庆人一样喜欢消费与享受生活，看重楼盘的位置和路线	成都客户生活安逸，注重反映生活品质的周边生活配套	
重庆		重物业管理	看重自主权，在服务过程中应着力给客户自由空间和时间
上海	电话咨询时最希望了解价格，关注性价比大小	重装修	注重置业顾问的专业，如果得到置业顾问的指导，将极大提升其购房意愿
西安	电话咨询时遇到占线，将极大影响其是否去实地看房	西安客户务实，关注户型	西安客户疑虑多，如能打消客户的疑虑，有利于提升其购房意愿

因素 2. 客户性别的差异

客户性别不同，看房意愿和购房意愿也有着很大不同。

（1）不同性别客户的看房意愿关键接触点

男性在电话咨询时比较感性。良好的接听电话态度，会促进男性客户实地看房。比如，主动提供销售顾问的姓名和联系方式，充足的销售热线接待能力。

女性在咨询时，表现得比较理性，关心的是实质问题。所以如果在接听电话时，不妨明确说明楼盘价格、工程进度和销售进度。

（2）不同性别客户的购房意愿关键接触点

到了实地看房阶段，男性注重的是产品本身特点，女性关注的是购房服务。这时男性偏向理性，女性偏感性。

对于楼盘特点关键接触点，男性客户关注点更全面，女性客户重房屋本身。

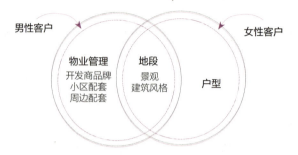

图1-36 不同性别客户的楼盘关键接触点

对于购房服务关键接触点，男性客户重房屋的专业层面问题，女性客户较感性、疑虑多。

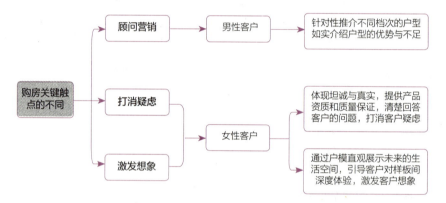

图1-37 客户性别不同，购房服务关键接触点的不同

③ 因素3. 客户家庭结构差异

将客户家庭结构大致分为夫妻二人、三口之家、三代同堂，不同的家庭结构购房意愿有所不同。

夫妻二人家庭多为首次购房，首次体验购房服务，因此对服务关注度高。

三口之家多为改善型居住，对户型等产品本身特点要求较高，更加关注的是产品。

三代同堂中老人也有决定房屋购买决策，但老人购房经验少，易受到各种销售技巧的影响，其购房紧迫感会间接感染家庭其他决策人员。

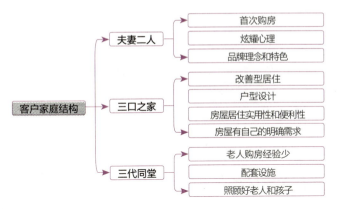

图1-38 客户家庭结构关键接触点的差异

(1) 楼房产品接触点的不同

夫妻二人的家庭多为首次购房,购房时会掺杂炫耀心理,其关注点更多地在装修与美观。其他家庭类型更关注住宅的实用类型。

随着孩子的长大,三口之家关注的是户型设计和房屋居住实用性和便利性。

三代同堂的家庭,孩子需要上学,老人需要就近就医,需考虑生活里的时间成本等问题,因此会更多关注周边学校、医疗、便民设施、公交道路、超市、银行等配套设施。

(2) 购房服务关键触点的不同

夫妻二人的家庭多为初次买房,对基础信息了解不多,着重品牌的理念和特色。

三口之家多为改善型购房,对房屋有自己明确需求,同时他们也希望得到置业顾问的专业建议。

三代同堂的家庭,老人、孩子也会去现场看房,照顾好老人和孩子成为促进买房的重要因素。

研究客户购房关键接触点前的两个准备

研究客户购房关键接触点有利于洞察客户的消费心理,掌握市场方向,提升企业的发展速度。研究客户购房关键接触点前需要做好两个准备:了解客户购房关键接触点研究关注的问题,明确客户购房关键接触点研究的对象。

图 1-39　研究客户购房关键接触点前的两个准备

▶ 1 了解客户购房关键接触点

在开展客户购房关键接触点研究前,要先清楚客户购房需求研究的方向,客户关注什么问题,才能做到有的放矢。

下面是客户购房关键接触点研究关注的 3 个问题。

(1) 哪些触点更能有效促进客户购买

通常情况下,开发商在做一个项目营销总策划时,会为这个项目设计很多卖点和价值点,也会通过很多渠道、媒介传播或者传递价值理念。但实际对于客户来讲,能够感知到的项目价值非常有限,且有规律,所以第一个问题是哪些接触点促进客户购买。

(2) 和竞争对手相比,自己企业有哪些优势和不足

在资源有限前提下,抓住关键触点,形成比较优势,是赢得市场竞争的捷径。

(3) 如何进一步提升自己的销售服务

▶ 2 明确客户购房关键接触点

客户关键接触点的研究对象是项目意向客户,并同时具备以下 3 个条件:

①受访者近 3 个月内至少看过两个同档次的类似项目。每个楼盘都应该有竞品,虽不是最直接的,却是相似的,比如同地段、同价位、同总价、同档次、同规模的,这些都是寻找竞品或者确认竞品的标准,每个项目都要建立自己的竞品体系。

②尚未签约,但是有明确购买意向。基本是 A 类或者 B 类客户。

③家庭购房决策人或参与决策。因为买房是整个家庭的大事,不再是个人的事。除极个别人买房投资或是其他用途外,其他类型的房子购买都是一个家庭的参与和决策。

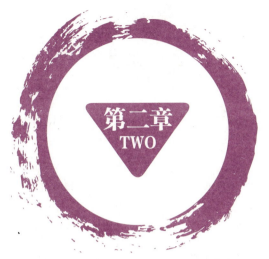

客户细分战略

房地产营销所说的客户细分战略,是基于有效的客户细分基础贯穿于整个房地产企业的运营流程的管理战略。

企业的客户细分管理有 3 个特征:一是基于客户价值进行科学的客户细分;二是基于战略确立广泛的客户定位;三是将客户细分与精细化运营流程紧密连接。

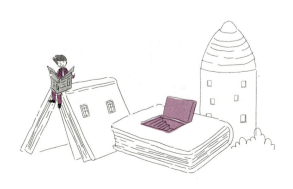

房地产客户细分的核心方法

客户细分是为了开发更广泛的客户源,在已有市场上实现有效的客户增长,是对宏观环境变化的一种适应,也是与客户需求保持最大限度的一致性的管理策略。因此,客户细分首先要清楚客户到底是谁;其次是他们之间有什么不同;三是每一类客户都能清楚地描述,确保各细分客户内部具有相同或相似特征。但需要注意的是,不同客户之间必须界限分明、严格区别。

客户细分的 3 个准则

对于企业而言,开发建设的房子是要卖给一群目标客户。所以,特定产品要满足的是某一范围的客户群,这就要进行客户细分。在客户细分过程中,应遵循 3 个准则:

①精确的细分变量;
②差异化的价值定位;
③定义精确制导的运营流程。

图 2-1　客户细分的 3 个准则

原则 1. 精确的细分变量

精确的客户细分，能为企业和项目剔除掉非目标客户，锁定最有价值的细分客户。这样做虽然不能完全保证对庞大市场的控制和拥有，但也会确保客户细分市场足够大、可识别、有媒介触及点并有利可图。这是房地产企业乃至项目生存的基本土壤。这样的客户细分才有价值。反之，如果细分后的市场面太狭小，目标客户群不足以支撑企业发展所必需的利润，那么这种细分就是失败的客户细分。

客户细分有很多变量，主要包括：地理因素、社会因素、心理因素和人口因素。客户细分就是通过客户细分的各种变量进行典型或有代表性的细目分类，从而将客户细分为不同细目的客户区隔，从而完成精确的定位。

图 2-2　客户细分的变量

原则 2. 差异化的价值定位

企业对客户做差异化价值定位，目的集中于一点：为不同客户提供独特价值。那么，怎么定位每一类客户的价值？这就涉及一个问题，即企业必须向客户回答清楚你与别人有什么不同。

企业做好了鲜明的价值定位，结果是使企业与竞争对手严格区分开。客户如果确实明显感觉和认识到这种差别，企业或者项目就能在顾客心目中占有特殊位置。

进行价值定位，首先要将高价值和低价值的客户细分区隔。

客户价值定位也有很多变量，主要包括：客户响应率、客户销售收入、客户利润贡献、忠诚度、推荐成交量等。根据房地产企业关注的不同点，通过不同的变量对客户细分区隔进行价值定位，选定最有价值的细分客户，客户价值定位可以体现为客户金字塔。

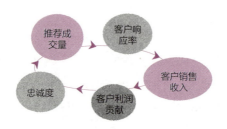

图 2-3 客户价值定位变量

▶ 原则 3. 定义精确制导的运营流程

围绕客户细分和价值定位定义精确制导的运营流程，确保产品和服务的高命中率和高满意度。仅仅将客户有效细分还远远不够，细分的目的是抓住客户特征，投其所好，将产品成功地推广出去。精确、完善、稳定、合理的运营流程是成就这些管理愿望的助推器。

所以，企业应围绕客户细分和客户价值定位，选定最有价值的客户细分作为目标客户细分，提炼它们的共同需求，以客户需求为导向，精确定义企业的运营流程，为每个目标细分市场提供差异化营销组合。

客户细分的 2 个维度

客户细分可从 2 个维度考虑：客户价值和房屋价值。其中，客户价值有 4 个考虑因素，房屋价值有 2 个考虑因素。

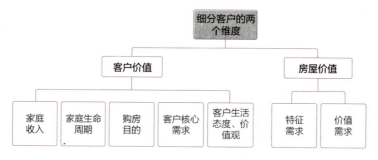

图 2-4 细分客户的两个维度

▶ 客户价值维度的 4 个指标

客户价值维度主要运用以下 4 个指标做分析。

指标 1. 家庭收入

家庭收入划分依当地经济发展水平和房产单价来确定。房地产不同于其他普通产品，购买与否、购买怎样的产品取决于客户的支付能力。支付能力是细分客户的一个重要指标。

按照家庭收入、支付能力的不同，可以将客户细分为 3 个不同的客户群体：

①富贵之家（高端）：

收入增长快于绝大多数人的高端群体，家庭年收入水平 30 万元以上；

②中产阶级（中端）：

收入增长遵循社会常规的中端群体，是主流市场，家庭年收入水平 10～30 万元；

③务实之家（低端）：

收入增长慢于绝大多数人的低端群体，家庭年收入水平 10 万元以下。

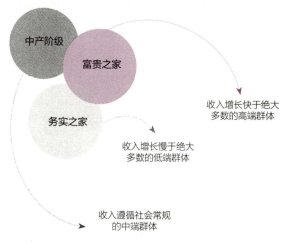

图 2-5　按照家庭收入、支付能力细分的 3 个客户群体

指标 2. 家庭生命周期

家庭生命周期指的是家庭成员构成情况。房屋作为家庭而非个人消费品，体现的是家庭综合需求状况。因此，家庭生命周期是房屋需求产生的基础之一。

若按照家庭成员构成划分，可将客户大致分成 5 类。

表 2-1　家庭成员构成分类

家庭类别	特征
自由青年	未婚青年或小两口
小太阳家庭	有 11 岁及以下的孩子
中年三口之家	典型的三口之家，家长在 35 岁以上
与老人生活的青年家庭	18 岁以上的成年人，和家长住在一起
中老年核心家庭	三代同堂，但没有 11 岁以下儿童；或者老两口

指标 3. 购房目的

不同房屋需求产生不同的购房目的，从而产生不同的购房行为：区域选择不同、物业类型需求不一、产品需求特征存在差异、对单价和总价承受力不同等。

按购房目的不同，可将客户分为 4 类：自住型、理财兼自住型、投资型、养老型、区域中产型。

表 2-2　按购房目的不同划分的 5 类客户

类型	购房目的	支付能力和意愿	产品需求
自住型	首次置业，婚龄人群解决居住刚性需求	资金积累有限，支付能力较弱，总价敏感但需求强烈	对面积控制要求高，看重基本居住舒适度
理财兼自住型	看好大盘的升值保值能力	支付能力有限，关注区域未来发展趋势，总价敏感度高	无特殊要求，通常选择面积偏小的产品
投资型	看重区域未来发展，占有资源和收藏好产品	支付能力较强，跟随性强，购买意愿取决于项目市场表现	对产品有一定要求，通常会选择经济实用型户型
养老型	被区域自然资源、生活环境所吸引，为度假、养老购买	支付能力较强，关注项目周边环境	对环境要求高，产品设计舒服度是最优考虑因素
区域中产型	改善居住条件，实现居住升级	支付能力强，区域内出现换房需求，城市范围供应空挡明显，对产品品质提升需求强烈	产品要求高，需要明显的品质提升（户型舒适度提升、户型创新或产品升级）需要体现一定的知性品位和中产档次

指标 4. 客户核心需求

根据马斯洛需求层次论，客户需求是在从低级向高级逐渐递升的过程中，从有形向无形的转变。对应房地产行业中房子这种特殊产品，客户需求层次表现如下。

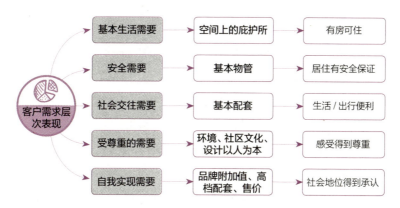

图 2-6　客户需求层次表现

2 房屋价值维度的 2 个因素

房屋价值维度主要考虑两个因素：特征需求和价值需求。

图 2-7　房屋价值维度的两个因素

（1）产品特征需求的 6 个方面

图 2-8　产品特征需求

特征需求比较具体，与产品特征直接联系。可从 6 个方面了解产品特征：

①区位：历史文化氛围、传统好区域、高档区域、有发展潜力的新区、靠近中心商务区、靠近繁华商业区等；

②交通：主要包括私人交通和公共交通两个方面。私人交通主要指私车家距离交通主干道的时间，公共交通主要是指与公交车站、地铁、轻轨的相对位置，以及是否配备班车等；

③自然环境：主要是指是否靠近山、河、湖、公园等；

④地段：指商业区、政府办公区、旅游区、大学城等；

⑤配套设施：包括商业设施、娱乐设施、生活设施、教育设施、医疗设施等；

⑥城市发展规划：未来政府规划对购房的影响。

（2）价值需求的 4 个类型

价值需求的指向是消费者价值观、价值取向。相对来说是较难以改变的因素。

建立房地产客户价值观体系，主要以心理学和社会学理论为依据，结合中国房地产发展的特征，从理性／感性、促进／抑制消费、依存性／独立性等角度确定中国房地产客户价值观分类。

从理性／感性、促进／抑制消费角度可以将中国房地产客户价值观分为 4 类：奢华型、时尚型、情感型以及循规蹈矩型。

表 2-3 中国房地产客户价值观的 4 个类型特征

类型	特征
奢华型	这一群体生活奢华，喜欢张扬、炫耀，占有欲强，喜欢以传统文化中的奢侈品显示自己的身份、享受
时尚型	这一群体主要特征是向往和模仿发达国家的生活方式，讲究生活格调与品位，喜欢流行与时尚
情感型	这一群体的人做事往往比较冲动，时常被产品的细节或展示的情景所打动，并刻意追求单一事业上的成功，对家庭幸福比较在意
循规蹈矩型	这一群体在进行消费时注重实用，消费购物、投资理财或做生意比较精明，追求升值潜力

某项目客户细分因素描述

某项目位于新城行政中心区板块,与规划建设中的杨府山 CBD 毗邻。该二板块在功能组合上更是一个整体,是未来温州的城市核心,也是温州城市现代化建设的重中之重。该项目开发定位立足于优越的区位条件、品质打造和社区环境规划,经过对竞争市场的差异化定位分析,将自身定位为现代国际人文社区。

利用客户细分因素对该项目客户进行描述。

表 2-4 从客户细分因素对该项目的客户进行描述

家庭支付能力	该项目的目标购房群体为当代温州的社会中坚、财富精英,具有稳定的高收入,支付能力强
购房目的	改善型 ①老城区改善型需求:老城区高尚住宅供应有限,而且入住后的日常生活和工作受到生态环境、交通拥堵等诸多"城市病"的制约,一部分改善型需求的客户无法在老城区置业,还有一部分则为了提高日常运行效率而逃离老城区,转而选择新城等新兴发展区域; ②瓯海龙湾改善型需求:新城位于鹿城、瓯海和龙湾三区的结合地带,但瓯海、龙湾两区的商品房品质与主城区尚有较大差距,两区的不少富裕人士为了公务、商务、生活及子女教育等便利,也存在着在新城板块投资置业的潜在需求; ③新城周边改善型需求:新城周边的各个经济开发区、经济强镇都蕴藏了大量的财富精英和富裕阶层,为了尽快融入大都市,不少人都有在都市区置业的需求
特征需求	①在户型面积、功能设计、建材品质、物业管理等方面均无可挑剔的中高档居住社区; ②社区规模适当,满足自身的生态景观、商业配套、会所、停车等需要,自身配套基本能自成体系; ③毗邻城市主要交通动脉,私家车出行快捷、便利,能够兼顾生活和工作,并便于在合适的时间、合适的空间范围内享用各项城市配套; ④周边有良好的自然生态资源,闹中取静,景观指数好,居住质量高,便于休闲、娱乐、健身; ⑤社区品位纯粹,业主身份地位大都处于相应档次,人以群分,日常交往容易融洽; ⑥周边其他住宅区、功能配套区在总体形象、档次上基本协调,没有混杂现象,整体板块口碑好
价值需求	该项目的客户群属于奢华型和时尚型,他们熟知城市的含义和价值,选择居住模式时既要考虑品质和品位,又要能够匹配紧张的工作节奏

总结:按家庭收入划分,这类客户群属于富贵之家或中产阶级;按购房目的划分,这类客户群属于投资型或区域中产型;按价值需求划分,这类客户群属于奢华型或时尚型。

常用客户细分方法

常用的细分客户方法基本是从产品出发的,考虑的是产品如何卖,卖给谁,怎么卖出高价格以获得高利润。

1 常用客户细分方法的 4 个变量

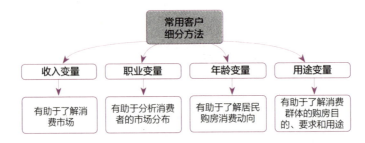

图 2-9　常用客户细分方法的 4 个变量

常用的细分法一般依据以下 4 个变量划分客户。

（1）收入变量

利用收入变量来细分客户,这在各种产品的营销中经常使用。尽管对某些消费品来讲,单一地使用收入这一变量难以界定细分市场,但对房地产项目而言,收入水平是其消费市场至关重要的决定因素。

（2）职业变量

人们的工资收入水平取决于他们所从事的职业,以职业划分作为客户细分的一个变量,对于研究和分析消费者的市场分布情况是很有帮助的。

（3）年龄变量

对购买者年龄状况进行分析和研究,有助于了解居民购房消费的动向。

（4）用途变量

不同消费群体的购房目的、要求和用途不相同。改善居住条件和环境是购房用途的主要因素,但并不是唯一因素。许多消费者购房是为了投资,有些是为了馈赠亲友;还有一些投资者是为了保值、炒卖以及出租。

❷ 常用细分客户方法的不足

以上细分方法优点是分类较简单,对针对性地开发产品比较有利,但由于不是真正地从客户出发考虑问题,对客户了解不够深入。这个细分方法的不足之处有2个:

①对客户类型的认识不能形成一套完整的框架。不同项目对客户细分方式不同,对整个城市客户构成没有一个系统认识,每个项目都是一个重新摸索的过程,周期长、效率低。

②对不同客户间的需求差异把握不深入。其客户的物理属性描述不能说明不同客户间的需求差异,不能指导有针对性的拿地和设计,例如:职业不同不能回答客户需要的配套、环境、户型、功能。

以常用细分法细分客户

某项目的客户定位和产品设计建议书

表2-5 某项目客户描述

年龄	集中在25~30岁左右
学历	普遍较高,一般为本科学历甚至更高
家庭人口	家庭人口为2人左右;一般未婚或者已婚无子女
家庭年收入	5万元以上,目前以租房或居住单位宿舍为主
职业	主要为高科技、教育行业或效益较好的国有企业等
职务	一般为职员或者中低层管理人员、助教或讲师
区域	主要集中在XX周边地区、科技一条街及高等学校
购房动机	满足居住需要,因为没有单位分房

产品设计建议:

商业:面积7~9千平方米,为超市等生活用品店、陶吧等特色店。

会所:健身中心200平方米、棋牌室200平方米、酒吧200平方米。

户型配比:多层2房90平方米,229套;小高层4房160平方米60套……

客户研究不足,对目标客户的描述以物理属性为主,没有挖掘客户的购房动机,不能将客户需求转换为产品语言,规划设计部只参考户型配比。

客户细分的 2 种创新方法

创新的细分客户方法是从客户出发，研究的是客户的需求，以及如何通过产品和服务满足客户需求，并获得客户忠诚和高价值。

企业客户细分理念之一就是不同客户一定要真正做到区别对待，要选择能够反映客户价值的因素来衡量和区分不同客户的需求。任何客户细分的结论，如果不能帮助改善运营流程以提供更好的产品和服务，满足客户价值，则没有任何意义。

从不同的维度，选取的评判指标不同，客户细分的结果就不同。下面主要介绍的是两种细分客户的方法：依据家庭生命周期和支付能力两个因素细分客户以及依据家庭生命周期、家庭收入和房屋价值细分客户。

▶ 1 Pulte Homes 客户细分法

Pulte Homes 是美国著名的房地产开发企业，其房地发展战略和客户管理战略曾是万科地产的重要学习榜样。万科的很多客户管理办法也得益于 Pulte Homes 的管理启发。

Pulte Homes 把"家庭生命周期＋支付能力"细分作为其首要细分方法，有利于找到目标消费者，理解每个细分市场的核心人群，做出符合客户需求的产品，使得产品定位更清晰。

（1）按标准的板块式客户细分

从生命周期和支付能力两个方面可以将客户细分为 5 大块：首次置业、二次置业、多次置业、老年回归型、活跃长者。

在此基础上，又可确立 11 个标准目标客户群体：首次置业单身、常年工作流动人士、单人工作丁克家庭、双人工作丁克家庭、有婴儿的夫妇、单亲家庭、成熟家庭、富足成熟家庭、空巢家庭、大龄单身贵族、活跃长者。

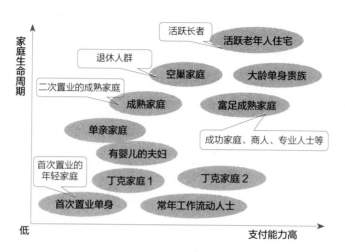

图 2-10　家庭生命周期 + 支付能力细分模型

类型 1　首次置业人群

这一目标客户群的客户往往是第一次置业的人群，他们包括单身的年轻人、新近结婚的年轻夫妇或新建立的家庭等。首次置业单身、单人工作丁克家庭、双人工作丁克家庭、常年工作流动人士、有婴儿的夫妇、单亲等家庭都可以归属于首次置业家庭。

单身人士恰好处于立业之初，每天忙忙碌碌，早出晚归，因而，成熟的地段对他们而言十分重要。成熟地段商业、文化、生活氛围浓郁，能够满足青年人衣、食、行、乐的业余生活需求。若工作岗位变动，由于原住房处于成熟的区域，出租或出售都将十分容易。总价低、功能全的小户型最受单身人士的青睐。因为，对刚刚踏入社会的年轻人来说，较低的总房价可以使贷款压力相对小些。对于单身人士而言，最重要的不是宽敞的客厅或像样的厨房，而是小巧的卧室兼工作室。

新婚夫妇工作时间有限，积蓄不多，对房屋总价较为关注。新婚夫妇虽然购买新居时家庭人口较少，但应该考虑未来家庭结构的变化，一般来说，应尽量选择两室的住宅。户型设计应该突出生活特点。

类型 2　二次置业人群

这一目标客户群的客户往往是那些已经有过第一次置业的经验，而想在原有的家业基础上更升一级，买更好更大的房子。他们往往是愿意把原来已经买下来的房子卖掉，而把卖掉的那部分钱用于购置更好的房子。他们大都是比较成熟的家庭，家里可能有两个以上的孩子或有老人或亲戚与他们同住。

成熟家庭对于地理位置的挑剔程度较低，对于项目所处地点，交通便利即可。但是成熟家庭购房主要为改善居住条件，新宅的设计细节是他们最关注的。

类型3 多次置业人群

这一目标客户群的客户是那种比较富裕的家庭。他们往往是专业人员或者是成功的商人之类。他们有钱买得起比一般普通家庭更大更高档的房屋。富足成熟家庭、大龄单身贵族属于多次置业家庭。

他们对生活品位有极高追求，最关注项目的品质以及产品体现出的生活品位。对这类购买人群，项目位置及其他户型等细节问题都不重要。他们更关心项目品位和特色是否和他们品位相符，社区人文环境的营建、居住人群素质的整体水平等。

类型4 老年回归型人群

这一目标客户群的客户通常是从已经有了大房子，有了更贵的房子的基础上，要改为更小一点更便宜一点房子的人群。这些人的孩子往往已经走出了家门，或者原来的家庭老人或亲戚已不再与他们同住。他们愿意卖掉他们更大更贵的房子，而换更小的房子。空巢家庭属于老年回归型家庭。

类型5 活跃长者人群

这一目标客户群的客户是那些已退休或年长的老龄人，他们在居住方面有特殊的需要和要求。这些人所需要的房子在面积上与第一类目标客户群非常相似，但他们对社区的要求却与第一类目标客户群大不相同。

这类客户群一般对单套住宅的总价不太关注，而是看重住宅所处的位置、社区环境、医院以及物业服务情况。老年购房者对于住宅本身只要居住便利即可，但对物业和医疗、购物等周边配套要求较高。社区应该要有健身设施配置，便于老年人运动，同时要有一个优美安静的环境，园林景观质量要高。

（2）3步客户细分法

以"家庭生命周期＋支付能力"为指标细分客户研究有3个步骤：

①理解消费者群体，确定细分指标；

②细分指标详细划分——确定主要家庭生命周期；

③不同细分群体的需求研究及市场定位。

表 2-6　细分的 3 个步骤

步骤	步骤详细描述
第一步 理解消费者群体，确定细分指标	①两个有力的指标：需求与能力； ②需求是随着人生命的不同阶段而变化。住房需求对一个学生和一个成年人或者一个家庭而言，是大不相同的； ③能力是指收入能力。人们总是希望能买到他们能够负担得起的任何住房。在任何情况下，人们都不可能去买他们无力购买的房子
第二步 细分指标的详细划分—确定主要的家庭生命周期	单身未婚；丁克家庭；有婴儿的夫妇；至少有一个 12 岁以下儿童的家庭；成年人家庭（最小的孩子已经超过 12 岁）；单亲家庭；大龄单身人士；常年工作流动人士；大龄夫妇
第三步 不同细分群体的需求研究及市场定位	①根据客户群的不同特征，结合具体的生活和行为、感情需要，为消费者设计不同定位的产品； ②针对每一个市场展开综合的需求分析：发现供需之间最大的差距是什么； ③在同一个社区中建设面向不同客户群的住房，更大限度地发挥社区的有效空间； ④将客户细分过程融入精细化生产过程中，保证客户需求的满足

▶ 万科客户细分法

"家庭生命周期＋家庭收入＋房屋价值"的细分是万科客户的细分方法。从这 3 个方面将中国城市的房地产客户细分为 5 种类型：富贵之家、务实之家、社会新锐、望子成龙、健康养老。其中，社会新锐、望子成龙、健康养老等 4 大客户类型按照家庭生命周期可以再细分为 9 类。

其目的是希望能够在丰富产品线的同时，服务于更多的人群。为了更好地配合产业化进程的开展，产品一定要保证具有鲜明的特质，以便于客户的清晰分类。

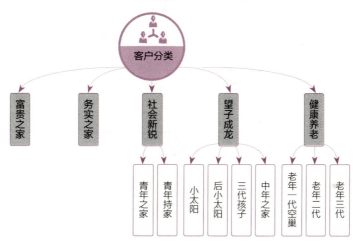

图 2-11　客户分类

表 2-7　客户分类的描述

客户分类		细分指标	描述
富贵之家		家庭收入	收入（包括教育、职务等资源）远高于其他家庭
务实之家		家庭收入	收入（包括教育、职务等资源）远低于其他家庭
社会新锐	青年之家	业主年龄、是否父母（老人）同住	年龄 25～44 岁的青年或青年伴侣（无孩子、无父母）
	青年持家		年龄 25～34 岁或者已经结婚的青年＋父母（老人）
望子成龙	小太阳	业主年龄、是否父母（老人）同住	0～11 岁孩子＋业主
	后小太阳		12～17 岁孩子＋业主
	三代孩子		老人＋业主＋18 岁以下孩子
	中年之家	业主和子女年龄	中年夫妇＋18～24 岁的孩子
健康养老	老人一、二、三代	有老人家庭的直系代数	空巢中年或老人、老人＋中年夫妻、老人＋中年夫妻＋18 岁以上孩子

（1）5 类客户基本特征描述

从家庭特征、购房动机、对房子的态度、房屋特征需求等 4 个方面对 5 种类型的客户群进行具体描述，体现他们对购房的不同选择。

表 2-8　富贵之家的客户基本特征描述

家庭特征	处于社会中高端阶层，高学历、高收入、高社会地位
生活状态	工作忙碌，经常加班，休闲娱乐活动层次比其他家庭都要高很多
购房动机	①社会地位提升：希望与社会地位相当的人住一起；②独立功能：想有一个单独的健身房、一个单独的书房等；③跟风：周围人都买，自己也想买，消费存在一定炫耀心理
对房子的态度	社会标签：是事业成功的标志，可以挣得面子、体现社会地位
房屋特征需求	①带有社会标签意味的房屋特征明显；②周边小区的档次要高，拥有高素质的小区居民，有名气的开发商；③注重健身场所、硬件设施、物业管理、山水园林、位置等

表 2-9　务实之家的客户基本特征描述

家庭特征	家庭收入低，对价格非常敏感
生活状态	在生活中的诸多方面都表现得比较节省
购房动机	①大房（提升）：比现在的厅、卧室更大；②置业：为了置业或给后辈留下一份产业
对房子的态度	①栖身之所：只是吃饭睡觉的地方，对房屋价值无更高需求，停留在满足生理需求层面；②生活保障：是一项重要投资，是未来生活的保障
房屋特征需求	①追求低生活成本，生活便利；方便的公交路线；②附近或小区里有小规模的便利店、商店、超市；③附近或小区里有中小规模的医疗机构；④务实的购房风格，对房屋物理特征严格把关

表 2-10　社会新锐的客户基本特征描述

家庭特征	25～34岁的青年或青年夫妻，大部分无孩子。有一定的积蓄和经济基础，成员比较年轻，学历较高
生活状态	在意生活的品质和享受生活，娱乐休闲活动最丰富
购房动机	①栖息之所：不喜欢租房，想拥有自己的房子； ②自己享受：想周末或度假去住、买房子自己享受
对房子的态度	①自我享受； ②品位体现：体现个人的品位、情调甚至个性； ③社交娱乐：房屋是一个重要的朋友聚会、娱乐场所
房屋特征需求	①健身娱乐：对娱乐场所要求高，如小区有较好的健身场所、临近大型运动场所； ②房屋的物理特征上强调的是个性特征，如好的户型、喜欢的建筑风格

表 2-11　望子成龙的客户基本特征描述

家庭特征	有0～17岁孩子的家庭，收入水平一般，以孩子为生活核心是这类家庭的最大特点
生活状态	有着强烈的家庭观念
购房动机	①孩子成长：为了让孩子有更好的生活条件，能够去更好的学校学习； ②改善住房条件：现有住房不理想
对房子的态度	房屋是孩子成长的地方，也是稳定感和归属感的来源
房屋特征需求	与孩子成长相关的文化教育需求和安全需求，有高质量的幼儿园、小学，小区的安全能给孩子的健康成长创造条件

表 2-12　健康养老的客户基本特征描述

家庭特征	空巢家庭、有老人同住的家庭。有足够经济实力的退休老人
生活状态	较为关心自身的生活，喜欢安静运动
购房动机	①孝敬老人：为了让老人就医更便利，父母年纪大了想和他们住在一起； ②自我享受：老人辛苦了一辈子，想买个房子自己享受
对房子的态度	照顾老人：子女照顾老人的地方，让老人安享晚年的地方
房屋特征需求	①看重外部环境，小区环境优美比较重要；②靠近景色优美的风景，空气质量好；③小区或周边有大规模的园林设计和良好绿化；④健全完善的医疗设施

（2）5类客户对产品的重点关注点

从房屋价值的特征需求来看，不同客户类型重点关注的房屋价值不同。有孩子的家庭会比较关注教育设施方面，有老人的家庭会比较关注医疗设施方面。

表2-13　5类客户对产品的重点关注点

客户类型	区域	交通设施	配套设施			
			生活设施	教育设施	休闲设施	自然设施
富贵之家	①所在区域文化氛围浓厚；②所在区域被普遍认为是高档区域	周边道路好，交通顺畅	——	——	——	靠近山、水、运河等自然风景物
务实之家	——	周边的交通工具比较多，方便的交通路线	靠近较好的医院	靠近高质量的小学、中学等学校	——	——
社会新锐	①所在区域是具有发展潜力的新兴区域；②靠近写字楼、金融机构集中的区域	周边道路好，交通顺畅	靠近大超市、购物中心、餐饮等生活设施	——	靠近运动场馆等比较好的健身、休闲设施	——
望子成龙	①所在区域是传统意义上的好区域；②所在区域是具有发展潜力的新兴区域	方便的公交路线	——	①靠近大学等高等教育院校②靠近高质量的小学、中学学校	——	——
健康养老	——	——	靠近比较好的医院	——	靠近公园、绿化带等人工设施	——

以健康养老型为主要客户的郊区住宅分析

某郊区住宅的项目以"山水悠然生活"为主题，打造远离喧嚣与浮华的居所。

项目：郊区享受－背山面海的滨海居所

项目位于盐坝高速公路与周围的坡地间，距罗湖商业中心区约30公里，距离大梅沙海滩约1.5公里，背倚青山，面朝大海，自然环境极佳。

表 2-14　项目基本信息

自然环境	小区内外有山脊公园、珊瑚公园、郊野公园、运动公园，还毗邻大梅沙海滨公园和华侨城生态公园
商业配套	小区商业面积约 5800 平方米，已建设海岸儿童天地、招商银行、华润超市、海岸咖啡厅、名厨饭堂及精品首饰店等
交通	深盐第二通道、盐坝高速、盐排高速、大梅沙公交总站
医疗	梅沙医院、社区健康服务中心
娱乐	周边有高级大梅沙酒店、游艇会、高尔夫球场、公园、沙滩。区内建有泳池、网球场、沙滩排球、足球场、室内篮球馆、乒乓球馆、棋牌室、会议室等休闲设施

此项目位于郊区或卫星城镇，离城区中心较远，自然环境景色极佳，属于舒适居所，适合考虑父母养老或休闲的客户群体。

客户企业利润贡献率的细分法

通过"业主金字塔"分层法，按照客户对房地产企业利润贡献率的不同，可将消费者分别划为 4 个层次：铂类客户、金类客户、铁类客户及铅类客户。

每个层次的客户在房地产企业总体客户人数中所占的比重不同——最高层次的铂类客户人数最少，最低层次的铅类客户最多——由高层到低层，呈金字塔状分布。这种分层模型称为"业主金字塔"。

图 2-12　业主金字塔

把客户群体细分为四类客户后，识别出四类业主的人口统计学特点，挖掘每类客户群体共性的服务需求。

1 铂类客户的服务需求

"铂层"客户对房地产企业的利润贡献最大,房地产企业需要把他们作为最重要的客户群体,所提供的服务不能仅停留在基本的服务需求。房地产企业需要在加强单向需求的满意度的情况下,通过开发吸引客户,为他们提供特殊、个性化独特服务,吸引该类客户消费新服务项目,加强该类客户的忠诚度。

2 金类客户服务需求

"金类"客户对服务价格敏感度较高,忠诚度稍低。房地产企业所提供的服务应主要用于满足客户单向需求。提供单向需求的基础是确保必备需求的优势,利用产品的单向需求创新服务,或开发更为便宜的新服务项目,吸引客户的消费注意力。

3 铁类客户及铅类客户的服务需求

对于"铁层"和"铅层"客户,房地产企业可把精力放在提供必备需求上,通过优质的服务质量和水平来加强该类客户的消费意识,同时可以适当结合单向需求,树立服务差异性品牌形象,把这类客户慢慢转向"金类"。

表 2-15 四类客户的服务需求

客户类型	服务需求
铂类客户	①加强单向需求的满意度; ②为客户提供特殊的、个性化的独特服务,吸引该类客户消费新服务项目
金类客户	①主要用于满足客户的单向需求,确保必备需求的优势; ②利用产品的单向需求创新服务; ③开发更为便宜的新服务项目
铁类客户及铅类客户	①可把精力放在提供必备需求上; ②适当结合单向需求,树立服务差异性品牌形象

房地产市场细分方式

市场细分是指根据消费者对产品不同的欲望与需求、购买行为与购买习惯，把整体市场分割成不同的或相同的小市场群。简单地说，就是群体个性化，挑选出一群消费者，他们彼此的需求很相近，同时又不同于市场其他消费者。

房地产项目客户定位常用市场细分法加以确定，房地产项目定位中的市场细分是指每一种档位、户型结构、设计风格以及物业管理的项目都有特定的目标消费群体。

市场细分的 3 个步骤

市场细分主要在进行设计之前形成本项目的理想消费者和使用者构想，并围绕这些人来计划，进行有效细分。要明确市场细分的 3 个步骤：确定市场细分的依据或变量，对细分市场的消费者进行描述，选择目标市场。

图 2-13　市场细分的 3 个步骤

步骤1. 确定市场细分的依据或变量

识别与产品相关的需要域（一类客户不只有一个类似的需要，可以是多个），确定市场细分的依据或变量。进行市场细分，将有类似需要域的消费者归为一个群体。

步骤2. 对细分市场的消费者进行描述

具有类似需求的消费群被识别出来后，接下来是对细分消费者进行描述。应当依照人口统计变量、生活方式、价值观、媒体使用特性等方面对细分市场消费者进行描述，对潜在消费者做深入分析和了解，制定有效的营销计划，确保识别目标消费者的正确性。

步骤3. 选择目标市场

图 2-14 进入某类细分市场的 6 个考虑因素

评估每个细分市场的吸引力，选择目标市场（一个或多个）。

在选择进入某类细分市场时，应从以下 6 个方面考虑：

①市场：市场规模、市场增长率、竞争者实力；

②客户：消费者对现有产品的满意程度；

③自身：与公司形象的适应性、与公司目标和资源的匹配程度；

④渠道：分销渠道的可获性、沟通渠道的可获性；

⑤财务：需要的投资额、稳定性和可预测性、成本费用；

⑥风险：获得持续竞争优势的可能性、其他风险。

一个细分市场必须有足够的市场容量。某种意义上,每一消费者对产品都有独特的要求。市场划分越细,企业提供的产品越接近该市场的真实需要。而从实践经验来看,细分市场的规模越小,服务于该市场的成本就越高。

某项目市场细分

某项目产品特征描述

表 2-16　某项目产品特征描述

地段	长沙市坡子街上味坊边
建筑	25 层现代高层
价格	4800 元 /m²
面积	30 ~ 80m²
景色	沿江风光带,空气好
产品特征	青春、前卫、时尚

目标市场的特征:

①在 25 ~ 35 岁之间,年龄相近,成长经历和受教育方式相似;

②白天出入高档写字楼及商务场所,晚上进行公务社交或私人约会;

③追求时尚、品牌消费,注重细节上的品位。

市场细分:该项目对应的是城市精英阶层,他们年轻且有专业水准,在生活方式及价格取向方面有着某些相似之处。

市场细分的 4 个原则

成功的市场细分中,各细分市场是可清楚识别的,相互之间具有足够大的差异性。从企业实际操作的角度来说,细分市场是可以进入的,并且在容量和规模上能够使企业达到盈利。

市场细分可遵循 4 个原则:可衡量性、可进入性、可行性、可盈利性。

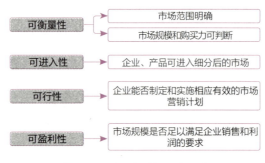

图 2-15　市场细分的 4 个原则

原则 1. 可衡量性

可衡量性是指细分市场是可识别和衡量的，即细分出来的市场不仅范围明确，有清晰界限，且市场规模和购买力可判断。

比如，需要购买可自由分隔和装修的毛坯居的消费者群规模有多大，他们的购买力和地段选择性怎样，这些情况都有确切的实际调查资料来显示。如果能做到这一点，这个住宅的细分市场才符合可衡量性原则，从而实现有效的细分。有些细分变量，如具有"依赖心理"的青年人，在实际中是很难测量的，以此为依据细分市场就不一定有意义。

原则 2. 可进入性

可进入性是指房地产企业可以进入细分后的市场，即企业通过努力能够使产品进入并对顾客施加影响的市场。主要从 3 方面判断细分市场对于企业是否具有可进入性：

①企业是否具有进入细分市场的条件；
②企业是否能将产品推广给细分市场的消费者；
③产品是否能够进入市场。

图 2-16　3 个方面判断企业的可进入性

③ 原则 3. 可行性

可行性是指房地产企业选择的细分市场，能否制定和实施相应有效的市场营销计划，包括产品、价格、渠道及促销等计划。房地产企业对房地产市场总体可细分出众多的分市场，但并不是所有的市场都能够符合企业经营能力。有的是技术上不能胜任，有的是由于企业资金的限制，尚不足以同时为太多分市场制定和实施个别的市场营销计划。

④ 原则 4. 可盈利性

可盈利性是指市场规模足以使企业有利可图。也就是说，一个细分市场应该具有一定的规模，并具有相当程度的发展潜力，足以满足企业销售和利润要求。进行市场细分时，企业必须考虑细分市场顾客的数量，以及他们购买能力和购买产品的频率。如果一个细分市场规模过小、市场容量太小、细分工作繁琐、成本耗费大、获利小，就不值得去做细分。

房地产市场细分的 4 个依据

市场细分的依据很多，往往根据不同需求选择不同细分依据。常用细分依据有 4 个：地理细分、人口细分、心理细分、行为细分。

可以选择单一的依据对市场进行简单的细分，也可以综合多个依据来进行动态的、深入的细分。

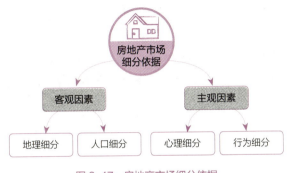

图 2-17　房地产市场细分依据

表 2-17　房地产市场细分的 4 个依据

分类	细分项	内容
地理因素	地区	城市行政区域、居民自然形成街区、城区、郊区
	朝向	除东、西、南、北外，还有景观
	楼层	不同类型的物业客户对楼层的选择不同
	配套	交通、娱乐、教育、卫生
人口因素	年龄	26 岁以下、27～35 岁、36～55 岁、56 岁以上
	家庭规模	1～2 人、3～4 人、5～7 人、8 人以上
	家庭结构	丁克家庭、普通家庭、双核心家庭
	家庭月收入	2000 元以下、3000～5000 元、5000～9000 元、10000 元以上
	职业	专业人员、经理、政府官员、业主、自由职业者
	教育程度	大专以下、大学、研究生、研究生以上
心理因素	购房动机	动机是为了实现一定行动目标的理由，而不同的理由具体表现在对需求目标选择着眼点的差异上
	生活方式	变化型、参与型、自由型、稳定型
	家庭个性	住宅需求的家庭个性主要表现在他们对住宅的样式、装修、色彩、市内平面布局、邻里关系等方面的心理偏好。其中，突出反映在室内装修户平面布局上
行为因素	时机	一般时机、特殊时机
	追求的利益	便利、经济、身份、品位
	购前阶段	不知道、感兴趣、想买
	使用者地位	首次置业、二次置业、多次置业

依据 1. 地理因素

地理划分即将市场划分为不同的地理单位，如城市、行政区、居民区等。

处于不同地理位置、自然环境、人文环境的消费者，对于同样的房地产产品有着不同的需求和偏好。城市郊区消费者对城市中心住宅布局感到狭窄，且认为市中心房价较高；而城市中心住宅的消费者在购买住宅时，通常很重视周围的人文环境，如学校、医院、商场、俱乐部、邻居、社区等。

地理细分能够分析不同的地理区域消费者对房地产产品的特点要求、需求总量和需求变化。房地产项目开发是比较重视区域选址的，因而地理细分是必不可少的。

表 2-18 地理细分因素的描述

地理因素	描述	偏好选择
朝向	住宅的房间朝向,一是与光照与冷热有关;二是与居住环境的安静性有关。通常卧室以南向为佳,东向次之,西向再次之,北向最差	①人们对房间朝向选择的偏好,一般与地区所处的纬度高低有直接关系。越往北,越注重房间朝向的选择;而在南方地区,由于日照时间比较长,人们对房间朝向选择不那么讲究;②房间朝向与居住安静环境有关。有些人喜欢挑选直接临街面道路住宅,但这会使家居总处在噪声的包围之中,而牺牲家居生活氛围中必要的安宁
楼层	对开发企业而言,最不好出售且价格较低的是顶层和底层住宅。另外,各面层日照、景观等也有所差异	不同的购房者对层次的敏感度不同,选择也会有所不同。一幢住宅中,人们最不喜欢的一般是顶层和底层
配套	住宅作为一项不动产,它的品质优劣必须与其室外环境联系起来衡量判断。住宅的室外环境所包含的主要内容有:道路交通、生活娱乐设施、教育卫生设施以及社区管理服务系统等	有着不同需求的客户其对住宅配套的选择不同

依据 2. 人口因素

对于房地产市场而言,消费者不同的文化水平、年龄、经济收入,使他们对房地产产品质量、档次、风格、面积、房型等有着不同的需求。

(1) 年龄结构

年龄结构是消费结构的一个重要方面。从生活习惯和对住房要求来看,每一个年龄段的人都有可能会有其特定时代的烙印,也就是有一定的共性。就购买力而言,可将年龄划分为:26 岁以下、27～35 岁、36～55 岁、56 岁以上。

表 2-19 不同年龄段的住房需求

年龄	住房需求
26 岁以下	由于刚走上工作岗位不久,没有多少积蓄,其购买能力相对较弱,如果购房,多数购买的是单身公寓
27～35 岁	在经济能力上处于初步发展阶段,但由于成家等方面的原因,其购房选择主要是普通的三房和两房
36～55 岁	这是房地产市场上最具有购买能力的群体,并且这个年龄层的购房者收入差别最大,从普通住宅到高档豪宅均是最大的消费群体
56 岁以上	多数已经拥有住房,而且由于子女逐渐成年,独立谋生,对房子的需求大减,除少数以经营房地产为目的或出于投资保值的目的外,对购房的兴趣较小

（2）家庭人口结构

不同家庭结构对住宅需求不同。

表2-20 不同的家庭结构对住宅的需求不同

家庭结构	对住宅的需求
单身青年	多在工作地附近选择出租房或套房
无子女夫妇	多选择小公寓租住或自住
有子女家庭	多选择大面积住房，并重视有利于子女成长的学习和居住环境

（3）家庭经济收入

消费者根据家庭的经济收入，决定需要住宅产品的类型，这也是制定房地产市场策略的关键所在。

社会上家庭收入水平，一般分为高收入、中等收入和低收入三类。在住宅市场细分中，应调查和分析与这三类收入水平相应的住宅需求特征，从而有针对性地开发适销对路的住宅，并制定符合实际的营销策略。

需要注意的事，尽管在同一收入水平上，各个家庭的住宅需求数量与质量也会表现得很不相同。随着人们收入水平的提高，对住宅的需求从"生存型"向"发展型"乃至"享受型"发展。

表2-21 家庭经济水平的不同对住宅需求的不同

类型	对住宅的需求
生存型	主要是追求一个以"平方米"指标为主的卧室
发展型	追求的是一个能满足多方面家居生活需要的"室内环境"
享受型	住宅需求是全方位地追求一个居住宽敞、功能齐全分明、设备高档、装潢精美、外部环境实用、优美、物业管理系统健全的"安居乐"境界

（4）职业类型

职业是影响消费者购房的一个重要因素。

职业的不同，不仅会影响收入，还会影响消费观念。职业一般可分为企业老板、职业经理人、一般商人、政府高级官员、一般公务员、会计师、律师、医生、教师、普通职员等。

从职业特征来描述客户特征也是客户细分的一个重要方法。在这种方法下，首先把客户类别与其收入有效结合起来。

比如，企业老板、职业经理人、政府高级官员一般属于高收入群体，其购房意向基本指向豪宅；而一般商人、会计师、律师、医生等专业人士，多属于区域范围内的中产阶级（每个区域，比如北京和厦门，其中产阶级的收入特征等是有很大区别的），他们的购房意向大多为中高档楼盘的大户型；而普通职员、一般公务员等，由于收入的限制，多数购买的是普通商品房。

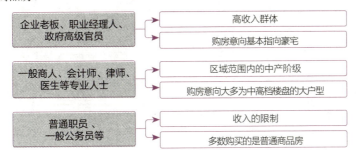

图2-18　不同职业人群的购房意向

（5）文化因素

文化概念是指社会意识形态，是由知识、信仰、艺术、法律、伦理道德、风俗习惯等多种因素组成的一个复杂整体。

进行市场细分时，必须充分重视文化因素对消费者购买行为的影响。

不同文化特征的消费者，由于审美观念与文化内涵不同，对住房品质要求有较大的差别，尤其是在住房社区环境、会所配套等方面。

比如，文化程度较高的消费者，他们一般更愿意选择具有浓厚文化气息的小区，在会所配套方面，他们需要的是一些高档次的活动场所，比如健身房、俱乐部、咖啡屋等；而对于文化程度较低的消费者，他们可能只看重一些日常的活动场所。

▶ 依据3. 心理因素

在客户细分的心理细分中，是以人们购买住宅的动机、生活方式以及个性等心理因素作为划分住宅消费群的基础。

就某一个具体的住宅需求主体——家庭而言，尽管其组成人员对住宅需求的心理状态各不相同，但是他们会相互作用而融合成一个以家庭面貌显现的住宅需求心理倾向。

依据4. 行为因素

消费者对房地产产品的住宅消费数量、了解程度、使用程度、购买或使用时机等行为变量为基础划分出消费者群,称为住宅市场的行为细分。

表2-22 对行为细分的描述

使用时机	①根据人们对住宅生产需要、购买或使用的时机加以区分 ②抓住消费者对住宅的是用时机,及时提供与需求相一致的各类住宅商品及其管理服务,是开发企业开拓和占领新的住宅市场的有效策略
追求利益	①根据购买者对住宅产品所追求的不同利益所形成的一种有效的细分方式 ②开发企业要以追求利益来细分住宅市场,就必须使自己的住宅突出某些最吸引购房者的特性,并分别确定各自的型号,以最大限度地吸引某个或若干个住宅消费群
购前阶段	开发企业应按照处于不同购前阶段的消费者进行细分,然后运用适当的市场促销措施,吸引潜在购房者的主意

深圳某一小户型住宅市场细分描述

该项目的客户类型有:公司白领、收入比较稳定的公司一般职员、投资(二次以上置业)、个体经营者、深港家庭(家庭成员一方在深圳,一方在香港)等。

一、目标客户描述

表2-23 目标客户描述

年龄	平均年龄在28~30岁之间
家庭结构	比较简单,绝大多数为两口之家,单身家庭
职业	银行职员、证券公司从业人员、律师、卫生系统年轻的从业人员;电子行业技术人员、电子行业相关服务人员;电信业职员、公务员、教育系统年轻的从业人员;贸易公司职员、百货公司职员等
居住区域	主要集中在石厦、新洲、益田村、福田保税局、福民新村、海滨广场、福华新村、福田南
居住状况	租住商品房、福利房、公司宿舍

二、目标客户群的层面划分及其行为特征

公司白领——年轻、自信、追求时尚及高雅、浪漫的生活情调,受过高等教育,工作比较稳定,小有积蓄,希望尽早拥有独立的生活空间,有个性,喜欢运动,崇尚西方生活,喜爱咖啡、网络和音乐,比较感性,喜欢包装精致、品位高尚的商品。

投资者——追求高投资回报率及零风险投资,有一定的经济积累,更注重资金的周转,比较节俭,对居住安全有更高的要求。

深港家庭——要求较高的私密性及安全性(投资方面、生活方面),要求临近口岸或交通便捷。

第三节 房地产客户定位策略

要开发客户，首先必须搞清楚要把房子卖给谁，也就是要清楚项目所要面对的客户到底有哪些人，这就是我们通常所说的客户定位。准确的定位是成功的基础，任何一个房地产项目在正式开发之前，策划人员都要经过详尽的市场调研分析，发现潜在客户，明确目标客户，确定消费群体。

客户定位的 3 种模式

不同的划分标准下，客户定位模式也不同。下面将从 3 类划分标准探究客户的定位模式。模式选择需要靠实际情况而定。

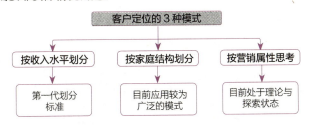

图 2-19　客户定位的 3 种模式

▶ 模式 1. 按收入水平划分

这类划分标准实际上是第一代划分标准，思考原点通常是产生于房价的总价，然后按照人群购买力来划分。

这种方式简单直效，但是以收入水平的简单划分来区别客户的需求，往往产生想当然的矛盾，对项目的营销定位和策略衍生的作用不大。

▶ 模式2. 按家庭结构划分

这类划分标准实际上是目前应用较为广泛的模式。目前万科模式就是以家庭结构来划分,万科的客户理念较为清晰——直接指出要把房子销售给一个家庭,而不是个人。

▶ 模式3. 按营销属性思考

这类划分标准实际上将客户与产品、企划推广、地缘关系和经济承受能力综合考量。尽管这只是处于理论与探索状态,但使客户定位能回到营销实践的本质。这类模式是方法论,而非单一的标准格式,其缺点是对定位人员的专业要求非常高,很难推广。

营销商对客户定位应当在甲方基础上重新解读产品,即使在产品规划前期阶段已经介入,但随着时间的推移,市场变化,前期定位客户还会有很大变化。营销方应随时间推移,检视客户构成的变化。

按家庭结构划分的某项目客户定位

家庭结构与产品的对应定位关系如下。

表2-24　家庭结构与产品的对应定位关系

核心价值	品类	土地属性	主力细分客户构成				
			客户选择		客户细分		
			价值排序	比例	家庭生命周期	年龄(支付能力)	购买动因
注重工作便利,关注产品服务及品质	品类1:商务住宅	①地块商务属性高,周边写字楼密集,交通高度发达,享受市中心级别配套;②地块可能有不利因素影响,如交通噪音干扰以及周边人群复杂的情况;③商业价值高;④居住价值一般	——	——	商务人士	——	投资
					顶级商务人士		投资
追求居住改善和品质	品类2:城市改善	①周边配套完善,交通便捷,通常较为安静;②适宜居住	1	10%	孩子三代	35~45岁	改善
			2	40%	后小太阳	40~45岁	改善
			3	40%	小太阳	35~39岁	改善
			4	10%	中年之家	45~50岁	空巢

续表

核心价值	品类	土地属性	主力细分客户构成				
			客户选择		客户细分		
			价值排序	比例	家庭生命周期	年龄（支付能力）	购买动因
低总价优势	品类3：城市栖居	①要求公共交通密集，站点在步行距离内；②周边有较完善的生活配套；③居住价值一般	1	85%	青年之家	25～35岁	首次
			2	15%	青年持家	25～30岁	首次

项目定位思路如下。

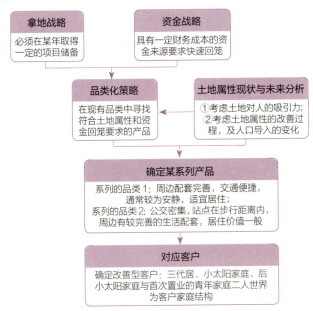

图2-20 某项目客户定位思路

某企业从营销商角度进行的客户定位

某企业在营销商角度的客户定位上的4个借鉴点：

①从被吸引的方向思考客户需求；

②动态地考虑客户属性的变化；

③建立标准的客户分类；

④客户分析量表AIO。

第二章 | 客户细分战略

借鉴点 1：从被吸引的方向思考客户需求

抓住客户的购房需求，有针对性地突出项目优势。

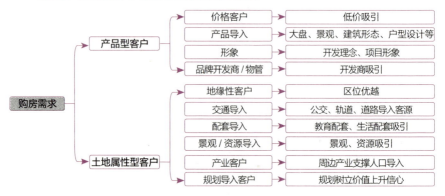

图 2-21　从被吸引的方向思考客户需求

借鉴点 2：动态地考虑客户属性的变化

一般大盘客户群变化规律：项目所在片区客户群是最容易获得的"第一圈层客户"，项目周边片区客户群属于被随后吸引的"第二圈层客户"，整个城市客户群是由于项目整体成功造就的"第三圈层客户"。其客户属性的变化根本原因在于土地属性的升级所带来的辐射面的拓宽。

借鉴点 3：建立标准的客户分类

财富层面	旧式	转型	新式
高	沉稳、有相对稳定的社交圈，注重礼仪道德，重视其身份和声誉，拥有尊贵奢华的生活方式	思想深刻，有极强的洞察力，有远见，有较高的声望，重视自己的社交圈和生活圈	在舒适和高品质的生活基础上，强调个性化的生活方式、有较强的创造力和挑战精神，拥有其身份和个性的标志物
中	怀旧内敛，道德感强，有一定的信仰（如宗教信仰），喜欢清静和人文气息浓的地方	丰富的阅历，有敏锐的洞察力，较强的人际网，存在一些显示身份的炫耀心理，同时也注重生活品质和舒适性	重视生活的舒适性和品质，关注细节，个人意识强，社交面广，勇于尝试新的东西，追求适合自己的新生活方式
低	思想守旧、顽固、爱面子、讲排场，对金钱的看法和使用上存在一些矛盾，对价格有一些敏感	责任感强，有不断提升自身的强烈愿望；务实，对金钱在某种程度上保有"节俭"精神，对价格有一定的敏感	小资一族，注重生活品质，懂得享受生活，关注时尚流行元素；对价格有一定的敏感

（价值层面 →）

图 2-22　客户分类

借鉴点 4：客户分析量表 AIO

A 是 activity，消费者活动；I 是 interests，兴趣；O 是 opinions，观点。

应用客户分析量表 AIO 对市场客户特征、沟通策略、购买形态进行分析

表 2-25

A（activity）	I（interests）	O（opinions）
①工作在成都市内； ②生活圈子半径大； ③几乎没有时间逛街、休息； ④家人在仁和·春天百货、王府井百货等商场消费； ⑤现在住在几年前购买的商品房； ⑥工作就是生活，生活即是工作； ⑦向往健康的生活，却几乎没有时间运动； ⑧绝大多数有私家车、经常有社交活动	①打麻将是聚会必须玩的游戏； ②偶尔到全国各地走走； ③她喜欢逛街，时常在品牌店成交，爱好品牌； ④他喜欢自己的生意，并以获取利润作为成功的体现； ⑤喜欢看新闻和财经类节目； ⑥对交响乐、爵士乐等兴趣浓厚； ⑦再忙也要抽时间翻阅订阅的杂志	①对周边环境敏感； ②觉得武侯大道离市区非常方便； ③想住在一个有面子的社区； ④郊区别墅给家人带来不便； ⑤认为入住城西是爵位的象征； ⑥品牌店的东西很好； ⑦习惯接受朋友的建议，并以推荐某种东西给圈内人自豪； ⑧眼见为实

房地产定位客户的 3 个准则

房地产定位客户的 3 个准则：受众导向准则，差别化准则，个性化准则。

图 2-23　房地产定位客户的 3 个准则

▶ 准则 1. 受众导向准则

房地产客户定位重心在于消费者心理，对消费者心理把握得越准，定位策略就越有效。成功的客户定位取决于两个方面：如何将项目定位信息有效地传达到消费者脑中，定位

信息是否与消费者需求相吻合。也就是说，客户定位必须为消费者接收信息的思维方式和心理需求牵引，必须遵循受众导向准则。

准则2. 差别化准则

差别化准则是指那些可以成为楼盘定位差别的方面，如：楼盘质量、建筑风格、交通、舒适、价格、物业管理、升值潜力等。

通过各种媒体和渠道向目标市场传达楼盘的特定信息，使之与对手楼盘的不同之处凸现在消费者面前，从而引起消费者注意。当目标定位所体现的差异性与消费者需求吻合时，楼盘或品牌就能被消费者关注。

表 2-26　楼盘定位差别

楼盘质量	楼盘选择的用料（包括建筑用料和装饰材料）是否比竞争对手更好更耐用，能否作出保证
建筑风格	楼盘是否符合消费者住宅时尚的追求或特别的审美要求
交通	楼盘出入的交通是否更为方便
舒适	楼盘的小区绿化环境是否能让消费者觉得更为舒适享受
价格	楼盘的价格是否更为优惠，是否像楼盘本身一样具有吸引力
物业管理	楼盘以后所提供的物业管理服务是否比对手楼盘提供的更为优质和完善
升值潜力	购买的楼盘能给买家多少潜在利益和好处

定位中差别因素远远不止这些，还包括很多有形或无形的因素。产品与对手楼盘的差别越多，就能掌握更多的定位优势，楼盘形象也会越突出。产品与众不同是引起消费者关注的关键之处。

准则3. 个性化准则

赋予楼盘独有的个性，以迎合相应的顾客个性。顾客选择楼盘时，他们在理性上会考虑楼盘的实用性，同时他们也评估不同楼盘所表现出来的个性。当楼盘表现的个性与他们的自我价值观相吻合时，他们就会选择该楼盘，并用该楼盘体现自己的个性。有效个性化的各项原则包括明晰性、优越性、收益性等条件。

寻找潜在客户的 5 个步骤

潜在客户，是指对某类产品（或服务）存在需求且具备购买能力的待开发客户。这类客户与企业存在着销售合作机会。经过企业及销售人员的努力，可以把潜在客户转变为现实客户。

潜在客户群体中存在多种不同类型的客户。在面对这些差异性的客户时，企业需要采取不同的客户策略，以利于实现客户的价值的最大化，并且得到客户对企业的信任。这样才能使得客户与企业建立长久、稳定的合作关系。

寻找潜在客户可遵循以下 5 个步骤：

①调查访问，收集客户信息；

②客户基本信息分析；

③客户群体分类；

④理想客户群体确认；

⑤寻找理想潜在客户群。

图 2-24　寻找潜在客户的 5 个步骤

步骤 1. 调查访问，收集客户信息

明确研究目的，确定研究主题。尽可能多地收集客户信息，以便准确掌握客户需求和偏好。对成交业主进行调查访问，了解客户特征、需求、偏好等信息。

步骤 2. 客户基本信息分析

深入分析成交客户，包括客户基本信息分析、现居住状态分析、置业目的和考虑因素分析、购买过程分析、购买后满意因素分析、生活方式分析等。

这个阶段的客户分析目的在于，找到客户之间共同的消费规律，为客户群体的分类做准备，另外就是了解每个客户群体的消费特征和行为偏好，为潜在客户的挖掘提供信息。

图 2-25　深入分析成交客户

步骤 3. 客户群体分类

从占有社会资源、生命周期和诚意度三方面进一步分析，并对潜在客户群体进行分类。

占有社会资源体现的是客户购买能力、置业偏好、社会关系、个人素质等；生命周期体现的是客户所处的年龄、家庭结构、置业目的等；诚意度体现的是客户购买本产品的觉醒和信心。客户群划分方法应依据现实情况采取不同的方法。

图 2-26　社会群体分析

步骤4. 理想客户群体确认

根据公司目标客户的选择标准，筛选出理想的客户群体。综合三个客户群划分依据即占有社会资源、生命周期和诚意度，将潜在客户分类并确定理想的客户群体。提炼关键性指标，并根据重要程度进行排序。

步骤5. 寻找理想潜在客户群

利用已了解的客户群消费特征和行为偏好找到这部分理想客户群体在哪里，如何满足这部分客户群的需求，从而吸引这部分客户群。

某项目潜在客户群挖掘

项目位于深圳大梅沙，靠近海边，风景优美。

一、大梅沙现有客户群分析

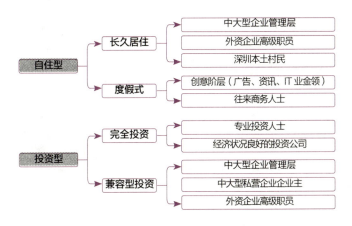

图2-27 对大梅沙现有客户群的分析

二、客户信息收集

表2-27 客户信息描述

客户	职业	性别	教育程度	年龄	置业经历	爱好	购房语录
客户1	某港资公司老总	男	未知	未知	万科十七英里等	未知	购买万科十七英里最主要的还是为了以后自己退休后来住。房子买过很多，现在也不再为了单纯赚钱而买房，而是为了老了之后有一个可以享受生活的空间。现在买房就是为了提前占有稀缺资源
客户2	就职于某会计师事务所	男	澳大利亚CPA	30	买过一些罗湖的房	上网，打游戏，跟朋友一起出去玩	家里很宽，再住多少人都没问题，肯定不是买来自己住的。买房子肯定不想亏本啦，最好就是过两年有的赚就转手卖出去。买过好几次房，不过又都卖了，多少也有赚一些，自己名下有太多房子不太好。大梅沙？还可以吧，离市区不是太近，不会太张扬，可以经常跟朋友过去玩，省了宾馆钱了。当然，能够赚一些补贴一下油钱也好啊，有的赚最好
客户3	某外贸公司主管	女	本科	31	西海明珠	因为工作很忙，所以没什么特别的爱好。最多就是跟朋友一起去酒吧	本来准备移民加拿大，现在由于某原因暂时不去了，省下一笔钱不准备白白放着。大梅沙的房子，要是有的赚一定会考虑，投资价值和升值空间最重要。当然，自己过去住住也不错，还可以招待朋友。因为自己对房地产不熟悉，因此要求口碑要好
客户4	某房地产公司项目经理	女	未知	保密	未知	旅游、上网、读书	如果是大梅沙的房子，那么除了投资之外，还要有很多额外的东西，最好有公共活动空间，比如说烧烤吧、顶层开放平台之类的，不一定要很大，但要适合朋友在一起观景聊天。房子只是物业，一定要有空间给予朋友们在一起谈天说地

三、潜在客户的共同特征

潜在客户的共同特征：

①有支付能力，已有一套以上居所；

②渴望"中心化"，抗拒被"边缘化"；

③有较稳定的事业、朋友圈层；

④文化层次较高,追求时尚,内心具小资情节;
⑤不愿脱离城市又渴望宁静,不愿脱离群体,渴望融合。

这些潜在客户属于各种圈子人群(IT 圈、文艺圈、房地产圈、艺术圈等等)。他们对购房的定位是 SPR(Special People Resort)——朋友圈子聚会的场所。他们对物业的需求突破了传统物业类型之间的清晰界限,产品使用功能同时满足居住、度假、商务办公甚至商业功能。房子是一个舒服的社交聚会场所,也是一个起居室,既可以会客,也可以放松身心。

四、产品定位下的项目价值分析

现有片区内物业可分为产权式酒店、度假类物业与纯住宅物业。假设本项目打造成以上三种物业,可以得到其价值分布。

图 2-28 产品定位下的项目价值分析

五、项目客户定位

投资客(核心客户)+ 各种圈子人群 + 其他偶得人群。

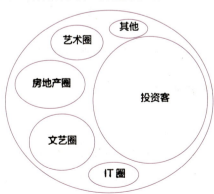

图 2-29 项目客户定位

定位目标客户群的 3 个步骤

目标客户是指企业提供产品、服务的对象。目标客户是市场营销工作的前端,只有确立了消费群体中的某类目标客户,才能展开有效的、具有针对性的营销事务。

做好房地产目标客户群定位要分 3 步:细分目标客户群,选择目标客户群,定位目标客户群。

图 2-30　定位目标客户群的 3 个步骤

▶步骤 1. 细分目标客户群

细分目标客户群要清楚两个问题:
①市场上的物业消费者,大概可以分为几类。依据不同的划分依据和维度,物业消费者类型的划分不同。
②每一类的规模总量、人口特征、经济水平各是怎样的。

▶步骤 2. 选择目标客户群

选择目标客户群要清楚两个问题:
①在这些类别中,哪些客户是我们希望面对的,哪些是我们不希望面对的;
②在这些客户中,哪些是最有可能购买我们的产品的,哪些是不太可能购买我们的产品的。

▶步骤 3. 定位目标客户群

定位目标客户群要清楚 3 个问题：

①项目最终决定瞄向哪些人群；

②这些人群的详细特征是怎样的；

③通过怎样的方法能够找到这些人群。

某项目目标客户群定位

一、项目位置：龙舟路

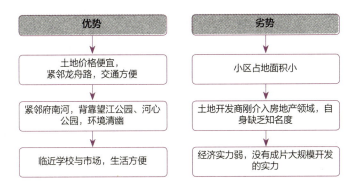

图 2-31　项目优劣势分析

二、如何定位

走高档路线，还是走中低档路线？

三、4 大难题

①如何做出鲜明的特色，填补市场空白，切中市场特色需求；

②调查发现：各类概念牌几乎开发殆尽；

③开发商经济实力和地段条件不允许涉足"高科技、古典、欧美风情"等豪华概念；

④必须从新的角度寻求市场空白点。

四、统计调查结果

①中国进入老龄化社会，60 岁以上占总人口 10%；

②成都60岁以上老龄人口约130万,占总人口13%;

③具备中低档楼盘购买力者占10%以上,13万人;约6.5万个家庭;

④成都四个区,有意在东门买楼盘的老龄家庭约1.6万户;

⑤开发百余套老年住宅,具备成功的条件。

五、项目客户定位

开发适合老年人安度晚年的住宅楼盘。

六、老年住宅需求心理分析

①代沟问题。解决的方式:两代分开居住,节假日上门探望团聚;

②年轻人与老年人的生活方式存在不同,居住在一起相互干扰;

③入住"敬老院",有心理上"被遗弃"的感觉;

④再婚老人的居住问题;

⑤老年人的居住偏好;

⑥集中居住的老年公寓,解决老年人的孤独问题。

七、公寓特色设计

①路面防滑处理;通道、门槛采取无障碍设计;

②房型设计,力求通风、干燥、采光、隔音;

③装修实用合理,不奢侈豪华;

④配置各户"自留地"、"钓鱼池";

⑤室内设计突出安全第一,壁柜防止碰头,插座防止碰撞踢踏;水龙头不用螺丝头,防止拧不紧,拧不开;窗户采用推拉杆式,防止头手伸出窗外;

⑥阳台设置自动晾衣架;

⑦成立钓鱼协会、老年棋协,与外部挂钩联办川剧坐唱、老年大学;

⑧通过楼盘物管系统,配备专职保健医生、护士,方便老年人就诊,开设家庭病房,上门医疗服务。

第三章
THREE

房地产项目拓客渠道开发与维护

当一个企业的客户达到一定的数量时,新增有效客户数量会呈现减少趋势,企业和项目召集新客户的难度加大,售楼部或项目来访率低。一个项目的成功销售,找到客户成为营销的关键和首要任务。尤其移动互联网的兴起让传统广告召集模式效果持续降低,房地产营销也从单纯的广告模式转型为整合渠道模式;传统代理公司的服务内容则从广告策划加案场销售转化销售工作的具体执行,转变为以渠道整合为主的营销战略。

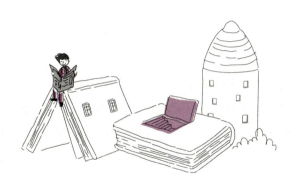

第一节 房地产拓客渠道开发要点

我们去研究优秀品牌企业的营销策略时不难发现，一般企业的营销渠道大概有三类：建立销售渠道，销售代理渠道及平台，第三方力量渠道。无论哪个渠道，企业销售成功的根本原因都是全程把握客户，拥有清晰、系统的客户拓展方法。

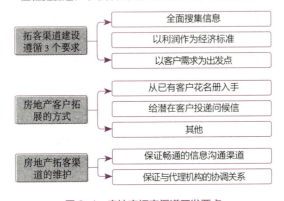

图 3-1　房地产拓客渠道开发要点

拓客渠道建设的 3 个要求

　　房地产企业的拓客渠道建设必须先行。因为巨大的开发能力一旦形成，如果缺乏与之相适应的客户积累量时，必然造成企业开发能力的巨大浪费，其结果就是商品房空置面积增加。一个优秀的地产企业，一个营销能力强大的地产企业都很重视拓客渠道建设，以保证销售渠道的有效运转。

要求 1. 全面搜集信息

全面搜集信息是拓客渠道设计的第一步,完成这项工作,至少要搜集四方面信息:宏观信息、竞争对手信息、客户信息和公司信息。

表 3-1 房地产拓客要搜集的信息

项目	内容
宏观信息	政府的经济管制、优惠政策、法律措施、经济周期性变化、消费特点及趋势、科学技术、行业现状、发展趋势和市场结构
竞争对手信息	渠道战略、市场开发能力、市场份额、资金、人员、优势、劣势及目标市场定位
客户信息	销售能力、忠诚度、信用度、渠道贡献、合作诚意和需求等
公司信息	渠道现状、营销政策、产品知名度、营销资源、市场份额、市场机会和市场威胁等

要求 2. 以利润作为经济标准

选择客户开发渠道时,对渠道成员的形式、地位和密度等的决策都要以渠道流成本最低化为基础。即在所选渠道内,每一个渠道成员都被分配一定的渠道任务。理想的任务分配应使得在总成本最小化的前提下,所有渠道流得以可靠运行。

要求 3. 以客户需求为出发点

在买方市场条件下,房地产企业的一切营销活动必须以消费者需求为核心。以消费者为核心,并非单指营销活动前期进行消费者研究和目标市场选择,更重要的是在产品设计、价格确定、渠道选择和促销策划活动中满足消费者需求。

在这个目的的指引下,房地产企业应做好以下几方面工作。

工作 1. 分析顾客的服务需求

房地产企业应为客户提供更多的物业信息和物业服务。这些服务是:
①物业设计和开发符合客户使用的要求;
②物业的可靠性和完善性;
③为购房者提供各种附加服务,包括向客户提供贷款、质量担保等服务。

工作 2. 客户渠道偏好调查

一个有效的客户渠道偏好调查应包括四个基本内容：

①调查各个细分市场的客户购房渠道；

②分析现已存在的不同的客户购买方式；

③考察和对比企业现有的客户和竞争对手客户；

④分析客户渠道偏好对渠道选择及运营结果产生的本质性影响。

图 3-2　客户渠道偏好调查的 4 个基本内容

工作 3. 考虑顾客购买准则

在评估新的渠道机会时，重要的是用创新的方法接触到顾客，分析顾客真的需要什么，即顾客的购买准则。

工作 4. 监控顾客购买行为的变化

企业需要随时监控顾客购买行为和准则变化，随着消费者对产品认知和了解的提高，客户购买行为也会慢慢发生改变。错误地估计客户行为和渠道偏好，没有及时调整以降低渠道成本，对客户拓展都非常不利。

工作 5. 提供灵活的渠道选择

不同的用户，他们的购买准则不同。所以，需要给客户提供相应的选择机会，如果客户觉得自己没有别的方式可以选择，他会觉得自己受到了限制，满意度就大打折扣。

如果没有一种渠道能满足顾客所有的需求，可以考虑对几种渠道进行合理搭配。

房地产客户拓展的方式

在拓客过程中,开发商有时找不到现成的客户信息,需要经纪人利用自身良好的经纪技巧和不懈的工作努力,去开拓潜在的客户。

图 3-3　房地产客户拓展的方式

1 从已有客户花名册入手

销售人员在开拓客户资源时,首先应想到企业原有老客户。如果一个企业有过自己的客户基础,并为客户提供过良好的服务并以优质周到的服务取信于客户,满足客户的需求,就会在客户周围获得良好的口碑,客户也会乐于与别人分享自己的成功购房经验,或者拉朋友一起选择这个社区的楼盘。通过这些客户的配合协助,楼盘销售可以起到事半功倍的效果。

有经验的房地产开发企业首先知道利用已有的客户花名册,把开发客户的注意力放在那些需求已得到满足或与本企业有良好业务往来关系的老客户身上。方式可以是:

①在一定场合,销售人员利用适当的机会直截了当地提出请求,希望老客户推荐潜在新客户。当然,请求的语气要委婉,态度要诚恳,方式要得当;

②请老客户写一封推荐信,将销售人员推荐介绍给新客户,然后销售人员可以持介绍信亲自走访新客户。

2 给潜在客户投递问候信

给潜在客户投递问候信，也是获得客户的一个有效办法。

销售人员在书写自荐短信息时，要注意三点：

①内容要有人情味，不要太过商业化，不要有广告气息。短信息主要是与客户加强沟通，以情动人，因此应尽量少谈业务上的事而多谈私人方面的事情，以消除客户的警惕甚至抵触心理；

②信函最好是一对一，让客户感觉到本次短信专门为他而写，且要让他知道他在销售人员心目中的地位是何等重要；

③要有特色。现在社会最缺乏的就是个性，如果短信息写得很有个性，将更能博得客户的好感。

节日问候信带来的客户

有一位房地产经纪人，列出了将近200个销售信函寄送给准客户。这些准客户对房地产有相当的了解，基于各种原因，目前并没有立即购房。他相信他们在一两年内都有可能付诸行动。但他又不可能每月都亲自去追踪这200位准客户，怎么办？这位经纪人想出了一个别出心裁的方法。他每逢节日，都会为他们寄去一张合宜的卡片，并附上自己的简短问候。

这样，这些准客户大多数在收到第五、第六封问候信时就被感动了，即使自己现在还没有购房，当亲戚朋友提出购房时都会主动介绍这位经纪人。

❸ 其他类型的拓客方式

房地产拓客的方式还有许多种，以下以表格形式介绍十种房地产拓客方式的适用情况、工作周期、人员安排、工作重点和审核标准等。

另外，没有一种拓客方式绝对优于另外一种方式。因此，房地产开发商们在拓客过程中应不拘泥于任何一种方式，既可以把很多方式加以组合，也可以对很多方法有目的地创新使用，充分发挥各种方式带来的拓客效用。

第一节 | 房地产拓客渠道开发要点

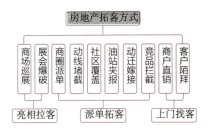

图 3-4　10 种房地产拓客方式

方式 1. 商场巡展

表 3-2　商场巡展

项目	内容
适用项目	所有项目类型
工作周期	蓄客期及强销期
拓客人员	以销售和"小蜜蜂"（现场派单拍海报着项目广告服饰的信息员）为主，配备一名拓客主管
拓客范围	项目周边一定距离半径内的重点商场、商业中心、重点市场和其他重点公共场所；交通动线范围内的目标场所
工作目的	广泛传递项目信息，挖掘和收集客户信息
工作安排	①根据项目实际情况选择相应的百货商场或卖场，并联系场地以及相关道具的安排； ②制定巡展顺序和时间表，按照节奏展开； ③将拓客人员分为固定接待和流动派单人员，前者负责展台的接待登记工作，后者则负责展台周围及卖场内的派单宣传工作； ④若条件允许，最好在每个展点安排看房班车，能够及时有效地接送意向客户看房
审核标准	依据不同卖场的自身客流情况，制定每日项目单页的派发量和留点量
招式特点	①增加了项目的接待处，扩大了项目的影响和客源的积累； ②巡展地点、时间可灵活控制； ③对巡展地点的选择更具针对性，如高端项目则选择高端商业场所

方式 2. 展会爆破

表 3-3　展会爆破

适用项目	高端、中高端、中端
工作周期	蓄客期和强销期
工作人员	精英销售员
工作地点	大型展会现场
工作目的	通过展会向目标人群准确传递项目情况，并现场拉客

续表

工作安排	①事先与展会组织方联系，争取有利展位（如在房展会上，位置选择避免与优于自身的项目相邻；如果展会为车展或者珠宝类展览则选择明显位置，此类展会更加适合高端和中高端项目参加）；②制定出众的形象设计，在展会上区别于其他同类型项目；③安排精英销售员在展会中发力，与参观的客户多沟通，现场完成客户信息登记和拉客到访工作
招式特点	目标客户相对纯粹和集中，客户群体具备较高的购买力，更容易进行潜在客户和意向客户的挖掘

方式3. 商圈派单

表3-4 商圈派单

项目	内容
适用项目	中高端、中端及中端以下
工作周期	基本贯穿整个项目营销过程，派单量最大的时间应选在蓄客期和强销期
拓客人员	根据各项目实际人员和项目体量安排，一般至少需要配备一名拓客主管
商圈选择	项目周边和全市重点的繁华区域，人流量和商圈档次是商圈选择的主要标准
工作目的	广泛传递项目信息和有效收集客户信息
工作安排	①制定一个完整的拓客计划；②确定拓客人员，并进行相关培训（包括项目基本资料、核心卖点和优势及拓客说辞与技巧），培训完毕后进行相关考核；③安排拓客周期和时间节点，选择节假日及周末以及平日里商圈人流量较大的时段；④对拓客商圈进行选取与划分，并事先进行踩点和绘制拓客地图；⑤拓客人员执行拓客计划，在商圈进行大范围派单，并竭力留取客户信息；⑥统计每日派单量和留电量，并进行拓客人员工作心得和拓客技巧分享，提高团队士气
审核标准	工作审核标准依据派单量和有效留电量而定，根据项目体量、档次和推广力度不同，派发量和有效留点量两项数据可以根据项目自身情况做适当调整

方式4. 动线堵截

表3-5 动线堵截

项目	内容
适用项目	中高端、中端及中端以下
工作周期	蓄客期和强销期
拓客人员	以销售员和"小蜜蜂"为主
拓客范围	项目周边各大主干道及路口，目标客户工作区域的上下班公交站点和沿途必经之路，以及去往日常生活中主要消费场所的沿途（如超市、菜场、餐馆等）
工作目的	向主力目标客群进行项目信息传递，捕捉意向客户

续表

项目	内容
工作安排	①确定项目主力目标客群，分析客群相关信息点； ②对目标客群的工作、生活、休闲娱乐等动线进行分析，确定动线拦截点，如路口、公交站点、客户平时就餐聚集点等； ③确定动线堵截方式，主要采取户外广告的宣传方式，包括擎天柱、楼体（顶）广告牌、公交站牌、路灯灯箱、车身广告等；也可辅以项目周边人群聚集区域定点派单或设立流动推广小站等具体形式； ④定期对工作成效进行汇总，分析各广告宣传及人员派单等的效果，继而改进

方式 5. 社区覆盖

表 3-6　社区覆盖

项目	内容
适用项目	中端及中端以下，主要针对大型普通住宅项目的首期和中小型项目的尾房
工作周期	主要针对蓄客期，其次为强销期
拓客人员	以销售员和"小蜜蜂"为主，可配备一名拓客主管
拓客范围	项目所在区域板块内的人员稳定聚集社区
工作目的	扩大项目影响力与知名度，挖掘周边潜在地缘性客户
工作安排	①将项目所在区域内人员稳定聚集社区进行划分； ②安排相关拓客人员携带相关道具进行有计划的扫楼和扫街； ③在社区居民聚集区进行项目海报和广告的张贴，并设立固定咨询点； ④在社区内部可安排一定的固定或流动拓客人员进行客户挖掘和维护； ⑤若条件允许，可开通社区看房专车，定期接送客户看房
审核标准	每组每天至少完成两个社区的覆盖工作，可根据社区规模进行适当增加
招式特点	①在一定区域内覆盖范围广，覆盖面不做过细分析，以基本全覆盖为主； ②信息在相对的区域内做到全面接触； ③覆盖目标客源数量较大，精确性差，以量换质，用时间培养客户

方式 6. 油站夹报

表 3-7　油站夹报

项目	内容
适用项目	中高端项目和投资型项目
工作周期	以蓄客期为主
拓客人员	前期与加油站协调工作由策划人员负责，后期物料派送由案场销售人员负责
拓客范围	项目所属区域内和周边商圈内油站、城区范围内到客率高的所有油站
工作目的	传递项目信息，捕捉意向客群
工作安排	①分析各加油站的到客情况，尽量选择到客率高的加油站进行合作； ②派市场渠道人员前往各加油站进行合作沟通，向加油站内人员阐明合作要求，并对其进行简单培训，最好能给当时感兴趣的客户简单介绍项目的基本情况，同时留下客户的联系方式； ③准备好各项物料，包括夹报和小礼品等，定期对合作的加油站进行物料补充

续表

项目	内容
招式特点	①本招式对客群的把握相对较精准，加油站针对的客群是有车族，其中包括政府用车和私家车、出租车等，不管是坐车的官员还是开车的老板以及企业高管，都是公认的最具消费实力的人群，也是构成项目消费的主体； ②通过加油站派送宣传品，很容易锁定这部分高端人群，把产品信息迅速传达给高端客户，中间没有任何停留，没有任何中间环节，迅速而有效； ③直接锁定有消费能力的客户，广告浪费少，节省费用，有效性高； ④由加油员一对一派送，中间不停留，迅速到达目标客户手中

方式 7. 动迁嫁接

表 3-8 动迁嫁接

项目	内容
适用项目	普通及中高档住宅项目
工作周期	营销全程
拓客人员	以市场部人员及销售员为主
拓客范围	项目同区域内拆迁小区，其他区域内同品质拆迁小区
工作目的	传递项目信息，锁定拆迁客户
工作安排	①事先搜查项目周边刚拆迁和待拆迁的区域； ②了解拆迁区域的回迁规划，在拓客开始前先摸清拆迁小区的回迁规划和回迁项目的基本情况，这样有利于在拓客过程中抓住客户的主要诉求，做到对症下药； ③在拆迁小区内设立项目分展区，组织专业销讲队伍深入拆迁小区内，可行的话可以逐户上门介绍，抢占先机
招式特点	①拓客对象相对较集中，客户诉求点也相对统一，比较容易达成团购意向； ②极易形成口碑传播

方式 8. 竞品拦截

表 3-9 竞品拦截

项目	内容
适用项目	适合所有的项目，高端住宅类项目、投资类项目效果会更好
工作周期	营销全程
拓客人员	以销售员为主
拓客范围	与项目品质相同、相近或品质比待推项目略差些的项目附近；同区域的周边项目附近
工作目的	针对性地截杀项目周边竞品的客户
工作安排	①详细分析区域市场整体情况，通过对项目的剖析来确定项目周边的主力竞品； ②详细了解竞品项目近期销售情况，以及与待推广项目比较的优、劣势； ③在短时间内弄清客户的主要诉求，抓住客户的诉求介绍项目优势； ④团队配合将项目尽量带至项目案场实地讲解

续表

项目	内容
招式特点	①所拦截客户意向性高; ②由于思维的先入为主,往往客户会对先了解的项目比较倾心,这是在本招式应用过程中的一个难点

方式 9. 商户直销

表 3-10 商户直销

适用项目	适合所有项目,但更适合普通住宅、投资或自营类项目,尤其是小型项目
工作周期	蓄客期及强销期
拓客人员	以销售员和小蜜蜂为主
拓客范围	项目周边及城市各类型专业市场,如建材市场、家电市场、食品市场等
工作目的	广泛宣传项目,传递项目信息,挖掘潜在客户
工作安排	①收集整理规定区域内的各类商业市场的资料,选取目标市场,并作详细的调研了解; ②安排拓客人员进行直销拓客,拓客分组进行,最好进行人员与市场的固定分配,便于后续的持续耕耘,培养客源; ③针对比较有意向的商户进行长期重点追访,并对区域内比较有影响力的商户进行重点进攻,深挖潜在客户
招式特点	①人群划分容易,寻找难度小; ②信息到达率相对较高; ③商户联系方式等资料收集相对容易; ④容易形成击破一点,打倒一片的效果; ⑤可形成针对性的拓客说辞

方式 10. 客户陌拜

表 3-11 客户陌拜

适用项目	高端、中高端、中端及中端以下
工作周期	项目营销全程
拓客人员	以 2 人为一组进行拜访,组数由项目情况而定
拓客范围	政府行政机构、医疗和教育机构、大型企事业单位、市内办公人群聚集区、市内个体商家聚集区
工作目的	通过针对性的客源方向挖掘项目的意向客户
工作安排	①针对项目情况,确定项目周边潜在客户所在的各个企事业单位、商务办公区域等; ②以 2 人为一组,到目标客群的活动场所进行拜访,携带项目相关形象展示手册,与客户进行深谈,了解客户详细资料,了解目标人群意愿,辨别意向程度
招式特点	①寻找项目潜在客户更具针对性,能够更深层地获得客户信息与意向程度; ②在陌拜过程中难度较大,容易碰壁,对拓客人员有一定的能力要求

房地产拓客渠道的维护

房地产企业都知道渠道维护非常重要,但实际工作中往往又忽视渠道维护,原因有两个:一方面是维护渠道的销售效果没有开发渠道的销售效果来得直接、有效,另一方面是渠道维护需要成本。忽视的结果往往可能造成前期开发成果的"功亏一篑"。而渠道维护不管是时间成本还是经济成本都远远低于渠道开发成本。

▶ 保证畅通信息沟通渠道

房地产公司要维护好拓客渠道,首先企业内部需要畅通信息沟通的渠道,例如以下6种。

图3-5　企业内部6个信息沟通渠道

(1) 内部报告制度

公司产品开发部门、人事管理部门、销售部门和财务管理部门等都有责任提供本部门运作信息,形成企业内部报告制度。这有利于销售人员发现客户接触点、企业管理变更以及企业工程进展和客户服务等情况。

(2) 客户数据库

客户数据库近几年在国外大型企业中广泛出现,主要应用于客户资料保存。运用现代计算机技术发展成果建立的客户数据库,具有的强大功能,主要体现在三个方面:客户信息内容存储,客户规模评估,个体客户资料查询使用等。

(3) 销售代表例行巡视和拜访

很多开发商都设有销售代表职位,承担区域市场经销商管理、市场助销等项职责。销售代表是公司在区域市场的代言人,负责向客户传达公司营销政策;同时,定期将市场开发情况、竞争情况报告给公司。

(4) 渠道成员会议

会议是房地产公司与客户正式会晤的方式。公司应通过定期或不定期会议，与客户进行有效沟通，主要是为了稳定企业客户会员，解决客户问题，服务好客户，培育客户的忠诚度。

(5) 内部互联网络

房地产企业内部网络的建立可以促进渠道成员之间的快捷沟通，使企业的渠道政策有效地传输给渠道成员，提高渠道整体运作的效率。经销商、代理商、各网点的销售情报、竞争情报、需求和建议等也可上溯到企业，便于企业做出正确的决策。

(6) 公司简报

房地产公司简报作为渠道信息管理的得力工具，房地产公司应及时将简报送给公司的经销商及重要客户，并将他们的意见反馈给决策层。

▶2 保证与代理机构的协调关系

房地产开发商在推进全国市场开拓工作的过程中，会与各方建立各种联系，在市场推广和销售工作中，代理机构专业服务为开发商商品房销售提供了强大能量。

(1) 明确甲乙双方团队职责

在开发商团队与代理机构团队合作过程中，各团队责任分明，甲乙双方合作形式合理、明确，才能提高市场营销效率。

表3-12　甲乙双方团队职责

甲方（开发商）	乙方（代理机构）
①由部门主管负责从业务拓展到业务管理全程跟进； ②参与省外渠道营销策略、合作模式的讨论及制定； ③负责对集团高管资源整合、利用、维护；负责代理机构拓展； ④负责对接代理机构业务洽谈、签约，拓展省外营销渠道； ⑤与省外渠道持续保持对接，信息同步，监督、管理省外合作单位的工作开展； ⑥根据合同的销售目标和推广目标，监控和管理代理公司的代理工作； ⑦在省外渠道完成成交过程中，负责对接、协调、组织完成需要案场配合的接待、洽谈、销售工作； ⑧评估省外渠道工作效果，对省外代理工作模式及时提出优化建议； ⑨制定针对省外代理机构的培训方案或项目信息沟通方案，并由部门管理人员实际执行或组织完成省外代理机构的项目信息传达工作； ⑩负责完成代理机构的核算跟进	①负责项目推广和销售组织等工作； ②拟定项目宣传推广、销售组织方案； ③进行项目宣传推广，客户资源拓展； ④进行客户召集和筛选，组织项目推介会等； ⑤组织客户到案场进行参观，达成销售目标

(2)合理分配双方的利益

房地产生产者与中间商之间往往会出现一些矛盾和冲突,这是两者之间利益差异造成的。中间商一般经销多家房地产企业的商品,其最重视整体销售利润目标;而房地产生产企业,最关心的是本企业商品价值的实现,重视培养目标顾客对本企业产品的青睐。两者目标的差异,在同一房地产产品制作销售方针、经销策略、促销措施时出现意见不一致。

"没有永远的朋友,只有永远的利益"是商场的一句至理名言,用在客户拓展渠道上也不为过。科学合理的利益分配机制能够充分调动销售渠道内各单位、个体的积极性和主观能动性。

国内某著名地产企业客户拓展策略

2014年,某地产企业的年销售额同比猛增31%,达1315亿元,这意味着:平均每个月该企业所要卖掉的房子数量为1.875万套。这种销售去化的实现,核心归功于该企业有效的营销策略。

该企业线下拓客策略具有四个特征:

①善用人海战术,一个项目配置400~500人的拓客团队很常见;

②内场销售、外场拓客相结合,对整个城市客户集中区域进行全方位覆盖;

③提倡全员营销,企业内部非销售人员也要肩负项目的销售推荐任务,成交后企业给予高额佣金;在冲量阶段还会打出联动资金,以促进各方团体推荐客户;

④注重团购,开盘前开展团购促销,精准蓄客。

一、组建营销团队

1.营销团队组成

(1)营销团队结构配比

企业核心团队10%;公司成熟置业顾问40%;跨界团队50%。

(2)营销团队的筛选与培训

前台销售及后台支持均由地产及非地产界销售精英加盟,择优上岗,通过规范化、高强度培训,打造跨界销售团队。

2. 大兵团集中作战模式

比如一个 10 万平方米的推盘量，销售团队的配置如下：

（1）常规编制人数

项目案场置业顾问团队常规编制 10 人。

（2）开盘战役编制人数

项目开盘战役编制人数为 50 人。开盘人员调配、大兵团、细分工、多次演练改进，保证开盘高集中性、高成功率。

二、营销覆盖策略

该企业在不同能级的城市，有着不同的营销覆盖能力。这需要精准的人力组织和彪悍的执行力。

1. 一二线城市营销覆盖策略

该企业对一二线城市的项目采取全市覆盖策略（比如，6 月底热销的西安某帝景项目）。

2. 三四线城市营销覆盖策略

该企业对三四线城市的项目不仅全市覆盖，还对周边近 150 公里范围的乡县进行铺点（例如市场低迷时热销 6 亿的照母山项目）。

三、拓客主攻 4 个环节

环节 1.Call 客

Call 客环节主要包括两类方式：海 Call 和精 Call。从话单、说辞、Call 客人员选定、培训、统计以及针对有效名单统一反复"清洗"方式都要进行标准化管理。

环节 2. 巡展

企业巡展通常会选择人流量大、流动人群特征与目标客户群特征相近、在项目主要覆盖客群半径范围内，如选择市中心繁华广场、市区商业广场（内部或门口）等。其中，当属商业巡展的效果最佳。期间还会根据效果的不同，进行巡展点的调整。巡展成果通常占到开盘成交比的 15% 左右。

环节 3. 派单

现场派单是该企业百人营销的典范模式，全程充分体现出该企业的营销策略和管理策略。其派单策略具有三个值得学习的亮点：

①根据之前圈定的客群范围，制定派单计划，描绘并及时调整派单地图；

②将城市分区，并标注时间线进行任务分解；

③精派、粗派相结合。

环节 4. 大客户拓展

该企业最为看重的环节，如经常看到的企事业单位职工集体参观等事项，都属于大客户拓展范畴。这类拓展启动都比较早，就目前监测到的该企业的项目营销，最早可在拿地时就有该类举动。

该企业会配备专门的大客户小组，由项目经理担纲，通过合作的企业进行高层接触组织大企业巡展和看房团，同时也会动用代理商的客户资源。

四、借助多方力量拓展客户

1. 借政府之力

全面地借项目每个环节与政府对接，形成图文记录信息：土地签约、新闻发布、城市规划参与、主题论坛、视察等。

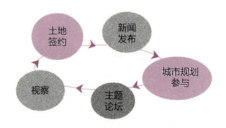

图 3-6　图文记录信息

2. 借合作品牌之力

与顶级品牌公司的资源整合，形成新的产业链，这个链条涵盖装修材料、主体施工、装修施工、智能化施工、园林建筑、建筑设计、园林设计、销售代理等类别的国内外知名品牌，实现全国化精品战略目标。

3. 借明星之力

该企业的项目开盘或重要活动时，会邀多名知名明星现场助阵，充分利用明星效应制造全民焦点。

4. 借民俗之力

在项目每个时点、每个环节中反复运用传统中华民俗中的绩优表现（尊老爱幼、望子成龙、健康活力、拜年拜佛等）形成系列客户维系，让客户发自内心地认同社区形成的文化。

如：民俗陈列馆落户项目社区、社区民俗展览、社区文化节、全国百万业主运动会等亲民社区活动。

5. 样板之力

该企业对样板房之力的运用体现在三点：

①样板区开放一周即开盘，业内其他企业很难效仿；

②样板公开展示,把样板房展示公开扩大为业界话题,围绕看房通道做足主题文章;

③打造现场万人参观的盛况,万人参观现场的操作模板:公园式样板区 + 三周集中轰炸 + 悬念营造 = 万人参观盛况。

6.会员之力

该企业每次重要营销动作均邀请新老会员,形成盛大场面,给予新顾客强大的人气与信心震撼。

第二节

房地产常见的6种拓客渠道

"坐销"在房地产中是指在售楼处守株待兔、等客上门。这种方式适合"顺境楼盘",即地段好、先天条件较为优越的楼盘,其完成销售目标往往靠单纯的广告推广然后等客上门就可以了。但很多楼盘往往都有先天条件不优越的缺陷,比如楼盘放址比较大、要求实现的价格较高、市场大环境不好、消费者观望氛围浓厚等。在这些条件下,做客户渠道开发就很有必要。

拓客渠道的类型多种多样,以下是具有代表性的6种:

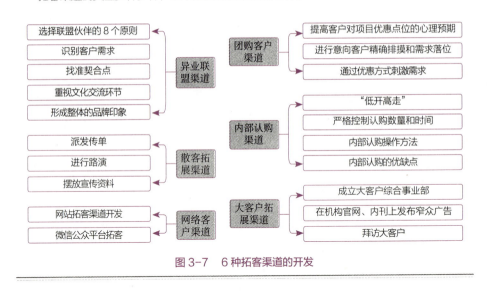

图 3-7　6 种拓客渠道的开发

异业联盟(跨界营销)渠道开发策略

不同行业的企业拥有不同的关键资源,且彼此的市场有不同程度的区分。异业联盟(跨界营销)渠道,是非上下游垂直关系的两个以上企业或品牌为彼此利益进行战略联盟的结果,交换或联合彼此资源,合作开展营销活动,是创造竞争优势的重要营销方式。

1 异业联盟的3个优点

房地产异业联盟模式相比传统营销模式，有以下优势。

图 3-8　异业联盟的 3 个优点

优点 1. 节约销售成本

通过异业联盟店外营销模式使开发商和顾客之间的信息传递更直接、更快速，并且省去了传统销售模式下的代理环节和推广费用，降低销售成本。

优点 2. 便于锁定目标客户

异业联盟使市场和顾客信息收集更及时、完备，更能准确地找到目标客户，增加成交率，企业决策更具导向性。

优点 3. 迅速扩大客户网络

通过异业联盟店外营销能够利用别人的资源优势，迅速扩大客户网络，在房地产各种销售阶段都适用，有助于房地产企业快速回笼资金。

2 异业联盟渠道开发的5个技巧

异业联盟渠道开发有以下 5 个技巧：

图 3-9　异业联盟渠道开发技巧

技巧 1. 选择联盟伙伴的 8 个原则

挑选联盟成员须满足以下 8 个原则：目标市场一致；产品定位、特征和联想一致；品牌具有对称性；战略目标和价值观匹配；合作执行力强；合作是基于各方的长期互助；各方利益最大化；高客户重叠性。

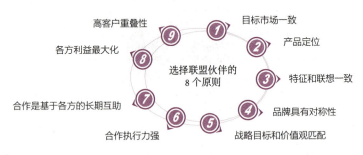

图 3-10　选择联盟伙伴的 8 个原则

技巧 2. 识别客户需求

房地产营销渠道选择的根本出发点应归于顾客，这是需求导向型经济的客观要求。而客户需求是综合的，异业联盟的业务合作内容要围绕目标消费群体的直觉、行为、情感等开展。

例如，客户到某地旅游，住进酒店后会问酒店人员很多问题：周边哪里有好吃的，我去哪里租车，我要去哪玩等。因此，旅游地产与餐饮、旅行社的联盟既符合地产销售需求，也符合客户需求，这样的联盟最能取得显著效果。

技巧 3. 找准契合点

跨界营销在实际应用中一定要找到一个契合点。只有将两者各自精准的市场定位和对产品价值的理解巧妙地融合到一起，以"跨界"为卖点做成营销战略，对销售会有奇特的效果。

技巧 4. 重视文化交流环节

隔行之间的跨界需要文化交融。不同企业，尤其是不同行业的企业之间，其文化可能相去甚远。但为更好地合作，让共同的客户有更好的体验，企业在合作过程中需要与其他企业进行积极的文化交流，努力达成要传递给客户的共同的文化主题。

技巧 5. 形成整体的品牌印象

两个联盟企业确定合作项目后,要在主题、形式、内涵等三个方面上形成整体品牌印象,让客户产生更强力的品牌联想,而不是简单的拼凑和捆绑。

深圳某地产企业项目的异业联盟渠道

该企业在东莞的某国际项目位于厚街中心核心区域。面临区域内碧桂园等对手的竞争,企业东莞公司采取异业联盟拓客渠道,成功吸引更多客户。我们着重解读该企业是如何设计自己的异业联盟渠道的。

一、确定联盟异业伙伴的 4 个标准

图 3-11 某地产企业选择联盟异业伙伴的 4 个原则

标准 1. 价值观趋同

必须要与自己企业的核心价值观及所倡导的生活观高度一致。

标准 2. 高文化契合度

该企业的文化必须要与自己企业的企业文化高度契合,并向社会传递正能量。

标准 3. 重营销推广

联盟企业自身要有强烈的品牌推广意识及较强的营销推广概念。

标准 4. 高客户重叠

即要求高客户重叠性,且客户覆盖范围较广。

二、3 个异业联盟伙伴

该企业的某国际项目此次选择了 3 个异业联盟伙伴:慕思寝具、东莞青旅和中汽环球。具体的合作形式如下。

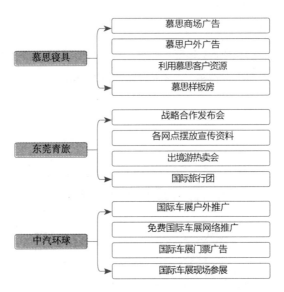

图 3-12　某地产项目与 3 个异业联盟伙伴的合作方式

合作伙伴 1. 慕思寝具

慕思是东莞厚街本土走出的国际知名家具品牌，品牌价值高达 30 亿元，网点遍布全国，是国际知名寝具之一。

（1）合作思路

该企业结合慕思寝具的本土性和双方的产品特性，提出"更懂厚街更懂家"的合作思路。

（2）合作形式

该企业与慕思的合作形式有四种：

①慕思商场广告：由慕思出资，应用慕思各大商场慕思专卖店，打出该地产项目广告；

②慕思户外广告，打出该地产项目广告；

③充分利用慕思客户资源，发项目短信，精准 call 客；

④利用慕思产品——家具，在项目处打造新的慕思样板房。

合作伙伴 2. 东莞青旅

东莞青旅是东莞本土最大的、实力最强的青年旅行社，网点遍布东莞 32 个镇区。

合作执行要点：

①战略合作发布会：充分利用双方媒体资源，覆盖地产、旅游两大板块；

②各网点摆放宣传资料：青旅网点众多，摆放资料，扩大客户范围，巧利用低成本宣传；

③出境游热卖会：两场大型出境游热卖会，聚焦目标客户群体，有效拓展城区客户；

④国际旅行团：业主客户报名参团，享受额外优惠，每季度组织业主旅行团。

合作伙伴 3.中汽环球

中汽环球是中国车展权威企业，广东现代国际展览中心车展代理商。

（1）合作思路

全民派票，高调宣传。

（2）合作执行要点

①国际车展户外推广：利用国际车展户外 T 牌，项目免费试用 1 个月；

②项目免费国际车展网络推广：免费在多家汽车网站宣传地产推广项目；

③国际车展门票广告： 20 万张车展门票，背面全打上项目信息，并赠送项目客户 1000 余张门票；

④国际车展现场参展：项目专门展位，现场展示项目，现场举牌派单。

三、异业联盟过程中的营销手段

该企业的项目与慕思、青旅和中汽联盟后采取三大跨界营销措施，将联盟优势发挥到极致。

1.联合推广

该企业的某国际项目与慕思、青旅和中汽的联合推广形式丰富，收效显著。

表 3-13 联合推广形式及措施

推广形式	具体措施
新闻发布会	邀请双方媒体，一份的营销成本，双倍的曝光度及影响
户外推广	充分利用慕思的户外资源，推广项目，获取客户
淘金派单	制作单张，共同派单，发布项目信息
观影会宣传	新片首映，观影会广告宣传，资料发放
报纸投放	向双方各自的战略媒体方进行报纸投放，密集宣传
网络宣传	旅游网、家具网、汽车网、房地产门户网共同宣传
短信投放	双方利用各自平台，向各自的客户群投放短信
微博推广	高转发，使项目知名度在短时间空前高涨
微信推广	新型推广通讯手段宣传项目，客户拓展
微电影	微电影植入，宣传项目
丰盛之旅	建筑研究中心参观，宣传品牌
展场接待	通过慕思、东青旅外展点，车展活动现场客户接待，获取有效客户
员工推介	举办推介会，向合作方推介项目，组织团购
资料展示	通过东青旅、慕思网点摆放项目资料展架，宣传项目

2.品牌互补

该企业某国际项目通过异业联盟实现品牌互补。

图 3-13 地产项目通过异业联盟实现品牌互补

（1）企业品牌迅速本土化

通过和本土知名品牌慕思联合，线上推广、线下渠道拓展、资源共享，使该企业品牌迅速本土化。

（2）提高项目知名度

通过联盟东莞青旅、慕思寝具、国际车展，不仅使该企业的某国际项目信息遍布东莞所有市区、镇区，更提高了媒体的曝光度，使项目知名度在短时间空前高涨。

（3）资源双方整合

充分整合了双方的客户资源、推广资源以及渠道资源。避免资源浪费，实现优势互补，将资源整合发挥到极致。

3.客户群共享

该企业东莞某国际项目通过异业联盟实现了客户群共享，解决了三个问题：

①通过观影会、展场、热卖会、车展等渠道充分解决了营销最大的难题，即客户来源问题；

②"老带新送旅游"、"丰盛之旅"等活动使客户充分享受到了产品以外的价值所在；

③产品附加值极大提高。

四、企业跨界营销的销售结果

1.保证了客户满意度

联盟东莞青旅老业主带新客户成交送旅游的活动，该企业业主尊享旅游额外优惠，另外赠送客户业主国际车展门票等的活动，不仅更好地组织了活动，同时保证了客户的满意度。

异业联盟各项活动，实现了销售员同客户的二次交流，不仅增进了感情，也加深了客户对该企业品牌的信心。

2. 极大地节省营销成本

此次异业联盟策略为该企业节省的营销成本包括四个方面:

图 3-14　异业联盟为该项目节省的营销成本

①通过联盟媒体发布会，邀约双方媒体，费用均摊，节省了大量的费用支出；

②通过联盟活动，不仅免费获得了大量上门客户，保证了现场人气，更节省了活动费用；

③通过线上户外、网络、报纸、短信推广，可充分获取客户资源，增加曝光度，更极大地降低了成本；

④通过免费展场，可节省大量外展费用。

具体如何节省，我们可通过 2 个具体事例来分享一下。

事例一，报纸广告费用节省

地产报纸广告投入一般 8 万元 / 版，若项目推广高峰期投放 6 版报广，营销费用是 48 万元；但旅游类报广一般 2 万元 / 版，若联合推广，营销费用双方各 1 万元 / 版；8 版报广费用仅为 12 万元。项目组仅支出 6 万元费用，节省了 40 万元的费用。

事例二，户外及车票冠名权费用节省

和慕思合作，有 30 余块户外牌，主流镇区广告牌一块就可节省 30 万元，而项目只出设计稿和换画费 4000 元即可；和中汽环球合作，只花了 8 万元的冠名费，但可以获得 20 万张车票的背面广告，60 平方米的免费展位，3 块户外广告牌、网站、报纸资源的免费投放。临近的另一地产项目 2012 年车展门票冠名费就高达 20 万元。

团购客户渠道开发策略

所谓团购,简单地说就是集体采购,规范地说是指一定数量的购房者自发组团或者在团购组织的安排下,由选出的代表并协同法律工作者,与开发商多次协商,最终在某一时间段内以低于散户市场成交价格签订有诸多附加条款《合同》的一种理性消费过程。

▶ 1 房地产团购的 4 种形式

总体来讲,房地产团购的四种形式在很多情况下并不单独存在,而是互相结合,互相穿插。

图 3-15 房地产团购的 4 种形式

形式 1. 以网络为基础的全民团购

网络房地产团购要依托网络为平台,联合消费者、开发商三方合作,达到三方共赢的一种合作方式。一般会在固定的网站门户(如新浪乐居、中国团购在线以及其他电商销售平台)做相关媒体宣传、组织活动。

网络房地产团购实际上是一种全民营销策略。该策略往往通过折扣与低价,实现渠道拓展和客户资源的端头拦截,从而达到团购的效果和目的。

形式 2. 以大中企业为依托的房地产团购

这种方式主要与一些当地企业合作,推广对象则以企业内部职工为主,内部宣传"企业为员工谋福利",组织企业内部团购。

形式 3. 会员式房地产团购

这种团购形式主要是以成立俱乐部及会员制度蓄积客户群体，组织团购活动，具有地域性，需要一定前期工作及地域会员的蓄积。

形式 4. 招商式房地产团购

针对于同时有商业、住宅的项目，在商业招商的同时推广住宅，以商业带动住宅。

▶ 吸引团购客户的分阶段策略

团体客户的挖掘期（例如，设定为开盘前两个月）可以基于客户心理，在不同阶段采取不同的拓客策略。

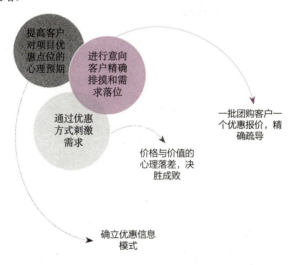

图 3-16 吸引团购客户的分阶段营销重点

阶段 1. 提高客户对项目优惠点位的心理预期

第一阶段不对外直接报优惠点位，主要依照一次性团购客户数量的多少以及购买总款数来衡量点位出让，依靠同行、论坛、楼市杂志、网络媒体等方式，外围报团购人数与优惠点位成正比的信息。其主要目的是提高客户对项目优惠点位的心理预期，同时吸引大量有需求客层的关注。

此阶段工作重点：优惠信息模式的确立，至关重要。

阶段 2. 进行意向客户精确排摸和需求落位

在产品信息充分释放、团购客户较充分导入时，拟定现场报价方式，同时释放团购优惠信息，进行意向客户精确排摸和需求落位。

此阶段工作重点：一批团购客户一个优惠报价，精确疏导。

阶段 3. 通过优惠方式刺激需求

团购前一周按客户落点确定优惠房源的位置、套数和销售价格，同时以在优惠点位基础上通过大奖派送的方式来刺激需求和进行房源销控。

此阶段工作重点：价格与价值心理落差，决胜成败。

❸ 组织房地产团购的 2 个难点

虽然团购可以给开发商和客户都带来一定利益，但房地产团购组织存在以下难点。

图 3-17　组织房地产团购的 2 个难点

难点 1. 协调不同客户间的购房标准

团购的困难主要在于两点：

①团购人数多，则可能会因每个人的选房标准、目的与要求不同而形成交易复杂和艰难，造成团购的失败和流产。

②住房产品的个性化与差异性，以及不可替代的产品唯一性。例如，楼盘的楼型、户型的非一致性，朝向、格局、位置、楼层、环境等条件都难以在同一团购的过程中得到全面满足，会相应增加交易的难度。

难点 2. 规范团购过程

从行业规范上看，目前在集体采购方面尚缺乏明确的政策法律保障措施，类似集体采购的一些规范性措施才开始酝酿。一旦发生纠纷，将无章可循。

某房地产项目团购拓客策略

某房地产项目团购拓客将拓客周期设定为开盘前两个月，此间段需要进行团体客户的挖掘，以及产品信息的推介宣传，蓄筹、洗筹、认筹等销售动作的连续性步骤完成。

图 3-18　某房地产项目团购拓客策略

步骤 1. 蓄筹

首先，成立"鸿宾会"，完善项目客户体系制度。

其次，在树立项目整体价值中枢的基础上，通过报名入会的方式，降低门槛，增加蓄筹的数量。此阶段客户数量很重要。

此阶段主要针对性策略为：

①在客户报名入会的当天开始，就为客户累计储存 500 元总房款优惠，实现"日进斗金"对于客户的吸引力，一直到团购当天为止。

②合计储存的金额在客户成功买房以后，签约的时候直接在总房款中折扣掉，如果客户没有买到房子，则此金额作废。

步骤 2. 洗筹

设置正式团购前两周左右为时间节点，进行客户提前装户。建议洗筹的门槛不要太高，最好和认筹的金额对等。此阶段客户质量非常重要。

此阶段主要采用的策略：

①"付多少，抵多少"。客户在此阶段，可自主决定是否缴纳会费，升级为 VIP 会员。团购当天，会费将作为购房首付款使用，并享受更多优惠条件。

②根据缴纳会费的多少，计定享受优惠的价值。比如：会费缴纳 2 万元，可升级为 VIP 银卡会员，在团购优惠的基础上减免一年的物业费；会费缴纳 5 万元，升级为 VIP 金卡会员，在团购优惠的基础上获得价值 2000 元家电大奖；会费缴纳 8 万元，可升级为 VIP 铂金卡会员，在团购

优惠的基础上获得价值 3000 元以上家电大奖。

步骤 3. 认筹

团购当天完成集中认筹业务动作。需要注意的是：

①认筹当天增加现场成交的额外开盘优惠，尺度尽量大，增加现场购买冲动，最大化产生跟风效应。

②另外团购当天的实际价格要以一房一价的底线为准。这样，在团购当天，形成强有力的开盘价格剪刀差，最大化实现开盘认筹率。

散客拓展渠道开发策略

相对于预约客户的约定性、规律性，散客是指没有预约、没有规律的零散顾客。这类顾客由于没有合同的约定，在选择消费或服务方面自主性较高，且对所选择对象好感较强烈。所以，自主上门的散客比较容易达成交易，销售方应当在销售服务上给予特别重视，这是建立楼盘品牌口碑的一个好机会。

散客拓展的方法有两种：利用现有展点资源及其他推广活动时机，对目标客户进行项目推介；引导、组织散客往团购方向发展。

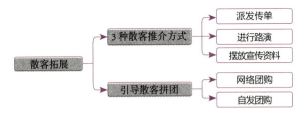

图 3-19　房地产散客拓展的方式

▶3 种散客推介方式

针对散客，开发商可采取以下 3 种推介方式。

图 3-20　散客认知项目的 3 种方式

方式 1. 派发传单吸引客户到售楼现场

在社区、写字楼、超市、百货商场等目标客户集中的地方派发传单是常用的手段。派发传单的注意事项有：

①要尽量注意形式新颖，突破心理接受第一关；

②传单内容上尽量附属小恩小惠，吸引客户到售楼现场。

方式 2. 路演快速积聚人气

"路演"，顾名思义，是在马路上进行的演示活动。目前，房地产路演一般集中在社区、写字楼、百货商场等地。现在的项目路演外延已经开始扩大，成为包括产品发布会、产品展示、优惠热卖、现场咨询、填表抽奖、礼品派送、有奖问答、文艺表演、游戏比赛等多项内容的现场活动。路演可以在短时间内积聚人气，快速提升项目的知名度，是前期积累客户的重要手段。

方式 3. 摆放宣传资料与客户建立初步认知

在高档娱乐服务场所，如上岛咖啡、酒店客房、私人俱乐部、高档茶楼等场所摆放项目宣传资料也是与客户建立初步认知的重要手段。

上述几种手段的结果就是掌握了大量的客户资料，如客户姓名、联系方式、联系地址等。

❷ 引导散客的自觉拼团

对于散客来说，团购少则一个点、多则三五个点的额外折扣，对于总价很高的房产销售来说，已经是非常具有吸引力的优惠额度。为了能够吸引更多散客，销售方常常利用团购的优惠来拓展更多客户。除了指定的团购单位名额可进行更名购买外，网络团购是最常用的方式。

方式 1. 网络团购

近年来，随着各大专业房地产网站和门户网站房地产频道的推动，网站与业主论坛正成为参与团购的一大重要阵地。越来越多的购房"散客"通过参与网站组织的团购活动或在业主论坛上自发组成的团购大军，以规模化的集体力量与发展商谈折扣，通常能得到至少额外 9.9 折至 9.8 折的优惠。

这些网站组织的看楼团都有专人组织、专人电话确认，同时还争取到开发商的配合。看楼团所到之处都会受到开发商的优待，如提供点心、饮料、小礼品甚至午餐。当然，最关键的是现场买楼有额外折扣。

方式 2. 自发团购

除了网站组织的购房团，通过小区论坛自发组织的购房团也不少见，希望能以规模效应直接与发展商砍价。目前，在碧桂园凤凰城、万象新都、金地荔湖城、保利林海山庄、保利林语山庄、广州雅居乐花园、光大花园等楼盘的业主论坛，都有人发帖招募团购买家。不过，由于这种自发性质的团购缺乏规范管理，消费者对其缺乏信任，难有成功。

内部认购渠道开发策略

内部认购原来用意是发展商选定一些楼盘单位先供本公司职员或关系合作单位优先选购，以慰劳员工和合作伙伴。也就是说，一个企业的楼盘内部认购基本对象就是公司职员以及与发展商业务、管理有关系的相关人士，例如负责楼盘建筑的建筑公司、负责策划发售事宜的专业机构或有来往的政府部门的部分人士。政府对企业的内部认购一直并没有明确规定，因此，内部认购由原来的"慰劳"很快演变成房地产发展商在尚未获得《商品房预售许可证》等有关证件之前，小范围测试市场反应和市场价格的销售方式。

图 3-21　企业的楼盘内部认购基本对象

▶ "低开高走"的营销原则

内部认购的最重要前提是具有一定幅度的购房优惠。优惠一般需要比照"开盘价"。如果按照目前房地产发展商通行的"低开高走"的营销原则,内部认购价应该是该商品房销售过程中的"最低时段价"。

▶ 严格控制认购数量和时间

房地产营销商为了保证尽可能多的赢利,会严格地限制和控制内部认购的销售量和时间。

▶ 内部认购操作方法

内部认购的操作流程一般是卖项目的 VIP 会员卡,收取若干订金。例如,采取交 3 千元订金抵 1 万元购房款等优惠措施,以此积累人气。

有的项目还在内部认购期间采用不定优惠方法。例如,从交订金之日起到开盘,一天抵 100 元购房款的方法,优惠逐日递减,先买卡的客户会有比较强烈的优越感和尊贵感。这种方法在项目人气不很高的时候,容易让客户感到紧迫,促使其早下订金。

▶ 内部认购的优缺点

优点是前期可以吸引大批客户跟进,拿购房排队号,待客蓄水。

缺点是开发商开盘期控制有风险,开盘期太短,则客源不充分;开盘期太长,则客户信心动摇,同时公司成本增加。

某物业认购协议

认 购 协 议

甲方:

乙方: 身份证号码:

甲、乙双方遵循自愿、公平和诚实信用的原则,就乙方认购〖××××〗物业,达成如下协议:

一、乙方自愿订购位于××市××路由甲方投资建设的〖××××〗（以下简称物业）；

二、乙方订购物业的情况如下：

房屋编号	单元	楼层	总建筑面积	房屋单价	房屋总价	用途
						住房／商业

三、在乙方签订本协议时，须向甲方支付定金以作购房保证，现交付定金：（人民币）￥　　元。大写：（￥　佰　拾　万　仟　佰　拾　元整）。（与收据一并使用方可生效）

四、甲乙双方约定付款方式：

1、乙方选择一次性付款方式，优惠　　%，优惠后单价：￥　　元／平方米，优惠后总房款：￥　　元。大写：（￥　佰　拾　万　仟　佰　拾　元整）。乙方须签订本协议七日内付清总房款的90%，余款在交房时付清。

2、乙方选择分期付款方式，优惠　　%，优惠后单价：￥　　元／平方米，优惠后总房款：￥　　元。大写：（￥　佰　拾　万　仟　佰　拾　元整）。乙方须于签订本协议七日内付清总房款的30%，主体封顶支付总房款的60%，余款在交房时付清。

五、本认购书所确认的认购方（乙方）姓名／名称应与《商品房买卖合同》一致，乙方不能在签订本认购书后将权利义务转让给第三方。

六、在甲乙双方签订《商品房买卖合同》前，如遇不可抗力，甲方有权解除本认购书。此时，甲方除将乙方已付定金及已付款无息返还外，不再承担其他责任。乙方应在甲方通知签署《商品房买卖合同》之日起30日内与甲方签订合同，否则按本协议第八条处理。

七、甲乙双方的通讯联络以本协议所载明的电话、传真、地址等为准。若乙方上诉资料有误，应承认由此引起的相关责任。乙方通讯方式如有变更，应在变更后立即以书面形式通知甲方，否则，由此引起的后果由乙方负责。

八、双方约定，乙方在签订本协议七日内按所选择的付款方式支付购房款，如乙方在上述期内未按时缴纳上诉应付房款，则视作乙方自动放弃其所购该物业之权利，甲方有权没收乙方已缴付的定金款项，并处理该物业而不另行通知，因此而获得一切利益全部归甲方所有，与乙方无关，乙方不得要求任何形式之赔偿。

九、本认购书经双方签字盖章且乙方在支付定金后生效。

十、本协议一式叁份，签字盖章后生效，均具有同等法律效力。待乙方签订《商品房买卖合同》后，本协议自动作废。甲方持二份，乙方持一份，均具有同等法律效力。

　　　　甲方：　　　　　　　乙方（签章）：

　　　　地址：　　　　　　　联系地址：

　　　　联系电话：　　　　　联系电话：

　　　　置业顾问：　　　　　签订日期：　　年　　月　　日

大客户拓展渠道开发策略

如帕雷托定理所说,企业 80% 的利润来自于 20% 的关键客户。因此,大客户是企业收益的主要来源,创造了企业收入的绝大部分,对企业生存起着至关重要的作用。

对于综合大盘来说,楼盘要在短时间内去化,做全国拓展与大客户拓展是最有效、快速的两个方法。企业必须要为大客户提供针对性、个性化的更优质的服务,以维持企业的核心销售。

企业对大客户的界定要包含三个意思:销售份额占比最大,为企业利润贡献最大,对企业未来发展方向有一定影响。如商会主席,国有企业工会主席、办公室主任,企业高层管理人员,政府机关要员、办公室主任等。此关键人物在大客户单位上具有一定威信,能有效地组织相关群体参与活动,并对群体购买行为产生一定影响。

图 3-22　大客户的三种定义

▶ 策略 1. 成立大客户综合事业部

企业成立大客户部,旨在通过建立对高端消费群体的管理机制,提高培育品牌,引导消费的水平。成立大客户部对企业的价值是:推进全国市场开拓工作,进一步开拓销售渠道,挖掘潜在市场,实现扩容增量。

图 3-23　成立大客户部对企业的 4 个价值

(1) 大客户部团队架构与人员结构配置

大客户部团队的纵向结构为"总经理—主管—区域业务组长"。

基本的人员配置方案是：总经理 1 名；主管 1 名；区域业务组长 3～4 名，全国市场划分华南、西南、华中、华北等区域，各由 1 名区域业务组长负责；助理 1～3 名；大客户专员若干。

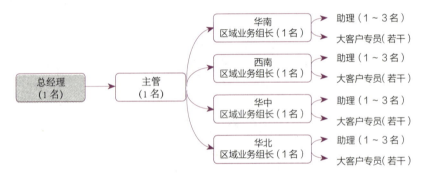

图 3-24　大客户部基本的人员配置方案

(2) 大客户部工作责任

大客户部应在案场成立，主要的工作是为解决大客户市场工作、销售管理、信息管理、关系管理、品牌培育等问题。

表 3-14　大客户部工作责任

工作类别	责任
市场工作	负责规划整个大客户部的运作，制定相关的市场方案
	定期进行市场调研，分析市场状况，制定针对大客户渠道的宣传、推广方案并实施

续表

工作类别	责任
销售管理	制定年度全国大客户的发展战略和大客户年度业务计划,并组织实施
	负责全国大客户的销售业绩,实现预定的销售目标,并对业务计划执行结果进行分析
	负责执行公司下达的各项营销政策并反馈市场对政策的反应,同时完成公司的各项市场工作和销售指标
信息管理	定期维护、收集、分析大客户信息,建立、健全大客户档案
关系管理	制定大客户拜访计划并组织实施,努力保证大客户满意,建立相对稳定、长期的信息沟通渠道
品牌培育	培育重点楼盘品牌,提高重点品牌的集中度

(3) 大客户部团队职责规定

大客户部整个团队的职责,就是完成企业既定销售目标,追求企业经济效益最大化。大客户部主要负责人的主要职责如下。

表 3-15 大客户部团队职责

职位	职责
总经理	负责集团省外代理业务的管理和统筹工作,省外代理业务的工作目标设定,工作分配和工作进度把控;集团高管资料的整合利用;省外代理机构的洽谈和协商
主管	配合总经理负责管理和统筹辅助工作
区域业务组长	负责集团省外代理业务拓展和业务管理:省外代理机构拓展;省外代理机构合作、洽谈和签约;省外代理机构日常业务管理和结算
助理	负责业务后勤工作,协助主管及区域业务组长的日常事务:省外代理业务文件拟定和文件归档;省外代理业务的物料筹备;完成主管和区域业务组长交代的日常事务

策略 2. 机构官网、内刊上窄众广告发布

对于大客户单位,可通过与其内部人员洽谈,获得单位同意在其机构网站、单位报刊上发布广告,或者在其办公、家属院显著位置发布户外广告、展板、条幅等方式吸引其到项目现场。

注意,对于这类大客户单位的窄众广告,一定突出大客户单位的特殊待遇,如赠送购房现金券、可安排抽奖、有礼品赠送、有专车接送等。这样才可以满足大客户的虚荣心,使其互相影响、跟风。

策略3. 大客户拜访的3个步骤

在积累客户阶段,针对项目附近的大型机关、企事业单位、社会团体等大客户单位,直接安排销售人员去各科室拜访客户,向他们介绍、演示项目,了解他们对项目的反应,登记客户联系方式等。

客户拜访的目的是为了收集信息,了解客户;同时增进并强化与客户的感情联系,建立核心客户,提升销量;开发新客户,或新品推广,提高公司市场占有率。

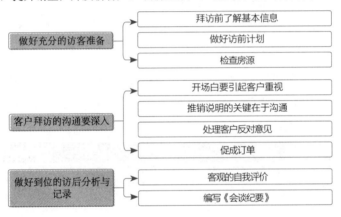

图3-25 大客户拜访流程

步骤1.做好充分的访客准备

(1)拜访前了解基本信息

对客户需求、客户面临问题、客户整体解决、客户的其他需求作个基本了解。了解客户内部的财务权、采购权、需求权,找到客户公司内真正做主的人沟通。

(2)做好访前计划

每天拜访前花15分钟做访前计划,保证当天工作的目的性。根据工作内容,可设定以下目标:计划当天拜访线路、计划当天拜访客户数、计划当天成交客户数。

图 3-26　访前计划的 5 个内容

（3）检查房源

主要检查公司现有品项房源数量、竞品的品项情况、产品销售进度是否正常。

房源检查有以下三个好处：

①给客户合理的选房建议，以赢得信任；

②可以及时发现生意的机会点，同时房源数据可作为推销数量的理由根据；

③可及时掌握竞品动态，并采取对策。

步骤 2. 客户拜访的沟通要深入

（1）开场白要引起客户重视

和客户热情打招呼，并做自我介绍，讲一点轻松的小话题或小故事。一个好的开场白可创造一个良好的气氛，甚至可以决定销售的成败。

（2）推销说明的关键在于沟通

沟通越深入越好。客户更注重项目给自己带来的价值、意义、发展。

（3）处理客户反对意见

在给客户推荐时，客户一般都会提出异议。这时，应该耐心聆听客户说话，从谈话中分辨出客户拒绝的原因，设身处地为客户着想，体会客户的需求，这样才能赢得客户的认可。同时，应具有熟练的处理技巧，才能准确表达自己的意思，并富有弹性地加以处理。

（4）促成订单

多次跟踪回访，吸引客户看房，促成订单。

步骤 3. 做好到位的访后分析与记录

销售人员做访后分析和记录，主要针对以下几点。

（1）对自己拜访客户工作做客观自我评价

做这个评价的目的在于有效地自我提升，同时也是销售人员日后工作的原动力。

如以前棘手的客户，推销时获得了成功。这时，作为销售人员应该想一想，为什么能成功，哪一点做得比较好。或者有几家客户做失败了，这时也应反省一下为什么会失败，找出失败的原因并加以改进，或向上司寻求帮助。

（2）确认信息的准确性

拜访后业务员要编写《会谈纪要》，经大客户经理审阅后提交客户并确认是否收到。业务员将与大客户沟通的详细情况记录在大客户关系管理系统中，与客户电话联络的详细情况也记录在客户关系管理系统中。

大客户拜访管理规范

拜访大客户的管理规范有如下六条。

①大客户专员应于每周六、日填写下周的《周拜访计划表》，并提交直接部门主管核阅。

②大客户专员依据《周拜访计划表》所定的内容，按时前往拜访客户，并根据拜访结果填制《周拜访记录表》、《月度客户拜访记录表》。大客户专员每周六须提交本周的《周拜访记录表》至部门主管，由部门主管核阅并提出指导意见；每月月初提交上月的《月度客户拜访记录表》至部门主管，由主管核阅并报送至客服部经理。

③大客户专员如因工作因素而变更行程，除应向主管报告外，并须将实际变更的内容及停留时数记录于《周拜访计划表》、《周拜访记录表》内。

④大客户主管审核《周拜访记录表》时应与《周拜访计划表》对照，了解大客户专员是否已执行计划。

⑤大客户部门主管每周应依据大客户专员的《周拜访计划表》与《周拜访记录表》，以抽查方式用电话向客户查询，确认大客户专员是否依计划执行或不定期亲自拜访客户，以核查大客户专员是否已执行计划。

⑥大客户部门主管核查大客户专员的拜访计划作业实施时，应注意技巧，并监督相关报表的执行情况，根据报表完成情况等与人事部相关文件一起，作为员工绩效考核的参考依据。

表 3-16　大客户拜访报告

		第一次拜访	第二次拜访	备注
拜访人				
在职人数				
人均年收入				
基本情况	主营业务			
	所属行业			
	办公环境			
	居住环境			
	是否建房			
	私家车			
	人流位置			
需求信息	购房需求			
	购房意向			
	购买力			
	接受区域			
	接受价格			
	关注度			
特殊信息	内部网站			
	近期活动			
推广建议	时间/阶段			
	地点/位置			
	推广方式			

网络客户渠道开发策略

现在越来越多的消费者愿意利用互联网进行房源查询和了解。房地产经纪人利用互联网促进房屋买卖，进行网络客户营销也逐渐成为一种趋势和重要的客户开发渠道。

▶ 1 网站拓客渠道开发

房地产行业网站具有制作周期短、成本低、高度扩展性及灵活性的特点，为房地产公司提供全方位的楼盘展示、高效简便的信息管理以及各种交易撮合功能。

"网上购房"能有机地整合各种网络营销服务手段，为房地产客户提供一条龙服务。

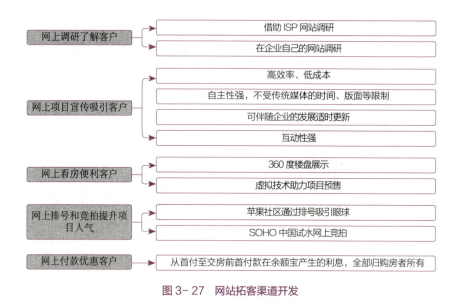

图 3-27 网站拓客渠道开发

(1) 网上调研了解客户

在网络上,房地产企业可以开展低成本、高效、范围广泛的市场研究,为正确预测市场需求、做出市场决策打下扎实的基础。

网上市场调研可以承担的主要工作包括:市场分析、产品和服务研究、市场营销策略研究等。

图 3-28 网上市场调研主要工作

一般企业开展网上市场调研活动有两种方式。

方式一. 借助 ISP 网站进行调研

这对于市场名气不大、网站不太引人注意的企业是一种有效选择。企业制定调研内容及调研方式,比如,客户喜欢的户型、能承受的单价、对项目位置区域的认同度等,将以上调研的信息放入选定的网站,就可以实时地获取调研数据及动态信息。

这种方法的弊端也有两个：由于网站内容繁多，企业市场调研对上网者的吸引力可能会降低；上网者如果想与企业交流，必须重新链接进入企业网站，增加了上网者的操作复杂性。

方式二．在自己的网站进行市场调研

对知名企业而言，其网站浏览者多是一些对该企业产品感兴趣或与企业业务有一定关系的上网者。他们对企业有更多的了解，有可能提供更多更有效的信息；同时也为调研过程及时双向交流提供便利。

图3-29　企业网上市场调研的两种方式

(2) 网上项目宣传吸引客户

互联网作为一种新信息传播媒体，像电视广告一样可以开展营销活动。而与传统传播媒体相比，网络具有其突出优点：

①高效率、低成本；

②自主性强，企业网站信息由企业制定，不受传统媒体的时间、版面等限制；

③可伴随企业的发展适时更新；

④互动性强，企业网站可应用虚拟现实等媒体手段吸引大众注意并与访问者双向交流，及时、有效地传递并获得有关信息。

(3) 网上看房便利客户

开发商在网上提供看房服务，使消费者看房、买房的时间、路途成本降到最低，是重要的拓客渠道。网上看房服务包括：360度楼盘展示、运用虚拟技术提供提前看房（项目竣工前）等。

服务1. 360度楼盘展示

制作沙盘模型是房地产销售当中的一个比较传统的做法。

但沙盘的局限性也很明显：

①由于沙盘要经过大比例缩小，因此只能获得小区的鸟瞰形象，无法以正常人的视角来感受小区的建筑空间，更无法获得人在其中走动的真正感觉；

②模型制作完后，修改的成本很高，有着很大的局限性。

而网络技术则解决了这些缺陷。

通过购房网站，开发商可以360度展示房地产产品。房地产产品360度展示的步骤如下。

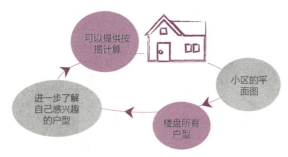

图3-30　房地产产品360度展示的步骤

①展示整个小区的平面图；

②客户可以选择自己感兴趣的楼盘，进入后可以看到该楼盘所有的户型，也可以看到该楼盘的销售情况；

③当客户初步找到自己感兴趣的户型后可以进一步了解（如果该户型已经销售，页面会提示出和该户型相似的户型介绍），例如该户型的详细介绍，360度旋转功能对该户型做进一步的了解；

④当客户对户型满意的时候会考虑到自己的经济实力，在这里可以提供按揭计算，让客户可以通过此功能对该户型的价格及支付方式有进一步的了解。

图3-31　360度楼盘展示1

图 3-32　360 度楼盘展示 2

服务 2. 虚拟技术助力项目预售

房地产营销通过三维动画展示,让客户不须等到竣工,也不须亲自爬上工地各楼层,仅仅是在项目建设初期,就能清晰、完整、真实地看到项目竣工后的情景,从而有更充分的时间根据其实际情况,对自身的购楼计划进行调整。

三维动画虽有较强的动态三维表现力,但不具备实时的交互性,是一个静态的世界,观察者只能按事先规定好的路线和角度浏览。而应用虚拟现实技术,目标客户可以在虚拟现实系统中自由行走、任意观看,给目标客户带来真实感与现场感,使他们更快更准地做出订购决定,加快商品销售的速度。

图 3-33　虚拟技术助力项目预售

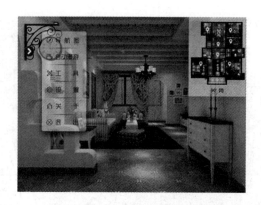

图 3-34　虚拟现实技术看房

（4）网上排号和竞拍提升项目人气

通过网上排号和网上竞拍，房地产开发商能迅速提升人气。

苹果社区通过排号吸引眼球

2004年2月，苹果社区正式开通网上销售中心。房地产企业建立网上销售中心卖房子的办法开始流行。

金典当年的网上销售中心的作法是：

①直接设置在今典集团的内部网站上；

②通过网上进行销售排号。苹果社区在公布正式购买计划前就已经吸引了约5000名左右的排号者，并且，由于苹果社区声称，购买计划的最终准确时间以届时网站公布的最终通知为准，更吸引了众多网友不得不时常点击观看。最终，苹果社区在公证员的监督下，选出了5000个排号者中的200人，成为优先合作人，享受优惠价格。

③在网络上，掀起炒卖200个房号的新销售高潮。

商品房网上竞拍优点有两个：

①网上拍卖是通过市场需求来确定物业价格,具有公平的特性,能为开发企业赢得尽可能多的利润;

②由于网上拍卖形式的新颖性,可聚集足够人气,更多地对项目进行宣传。

但网上竞拍也存在弊端:

①由于技术、网络不成熟,容易出现拍卖延迟、买卖不同步等问题;

②网上拍卖交易的有关法律法规不够健全,这就要求房地产公司在执行之前在多方权利义务关系上做好约定。

SOHO 中国试水网上竞拍

2011年4月底,SOHO中国进行首次网拍销售。为了符合"一房一价"的政策,SOHO中国还对此次拍卖房源定了最高限价。

为了扩大网上卖房的影响力,潘石屹亲自上阵营销。5月5日,SOHO中国微博发布了潘石屹亲自出镜为网上卖房录制的宣传片《我为什么在网上卖房子》。随后,SOHO中国微博又发布了一则名为《潘石屹网上卖房雄心壮志挑战大海表决心,任志强羡慕嫉妒恨兄弟情深大助威》的视频短片。片中潘石屹和任志强以动画形象出现,幽默的对话之外透露了潘石屹将网上卖房进行到底的决心。

潘石屹网拍房产,虽然很多人认为这是一次营销秀,但仍有一种声音认为,SOHO中国迈出了房地产商试水房地产电子商务的第一步,展现出网拍房产的优势所在。

(5)网上付款优惠客户

网上购房需要健全的支付系统来支撑。而如此大额的款项让别人代收,涉及双方合作、资金安全等各方面问题,因此部分房地产商会选择与淘宝合作,借助淘宝平台完成房产网上销售的收款工作。

基于支付宝平台的线上购房对客户来说,除了能得到项目约定的优惠之外,最大的吸引力在于:首付款先存入余额宝,交房时或约定时间再把钱转到开发商账户,从首付至交房前首付款在余额宝产生的利息,全部归购房者所有。目前,余额宝年收益稳定在4%至5%之间,首付款可以给购房者带来不少利息。

方兴地产联手淘宝网，首辟余额宝付购房首付

2015年3月份，方兴地产联合淘宝网、余额宝等阿里系产品推出"上帝淘金季"大型网络购房活动。方兴地产将10座城市中的15个项目共计1132套房源拿到淘宝上卖，货值达32.34亿元。

方兴地产联手淘宝网首创的这种购房模式对客户来说有极大优惠：买房人在淘宝选房买房，并通过余额宝付首付，享受特殊折扣的同时，每日还可获取自由支配的收益，直至交房或约定期限，才将首付款真正付给开发商。

▶ 微信公众平台拓客

尽管微信用户超过6亿，但客户每天触手可及的微信公众平台多之又多，如果房地产开发商或运营商还把它当成一个简单的信息推送窗口，是难以得到客户关注甚至青睐的。到2013年下半年，房产微信营销的重点从信息推送发展到微信网站搭建。因此有人说："微信志在营造一个平台而不仅是信息发送中心，开放的背后有着巨大的市场想象。"

为了让微信公众平台切实发挥拓客功能，运营者应当做好以下工作。

图3-35 微信公众平台拓客

（1）沟通是微信拓客核心

在目前的微信运营中，很多企业把信息推送当成了微信运营的全部，以为这就是沟通，其实这是对公众微信一个最大的误解。与用户一对一的交流，把用户的需求记录并想办

法满足,这才是公众微信的沟通。

举个例子,如果房地产微信门户只是提供楼盘信息,没有专人负责解答准客户的咨询,这相当于主动丢弃了一部分精准用户。微信公众平台提供第三方客服接口。开发商可以利用楼盘微信管理平台,来直接和购房人沟通,并记录购房人购房意愿和需求。这些咨询者将是开盘后最为精准的准购房群体。

(2) 页面设计要充分考虑客户体验

许多第三方平台为了满足开发商的需求,做了很多精美的模版,将官方微信的网站做得美轮美奂。但是由于忽视了移动互联网的特性和网络带宽限制,很多微信站点由于图片太大,手机网速太慢根本打不开,再美的网站也无法发挥拓客功能。

因此,形象展示虽然是楼盘微信运营一个很重要的方面,但真正为用户服务的移动站,应该是打开速度快,耗用流量低,展示信息有效。

(3) 借助微信支付促进精准蓄客

与网站房款支付需要借助支付宝的方式不同,微信自身具备支付功能,这是微信营销的优势之一。

2014年3月份,微信放开了支付功能。购房人出于对安全的考虑,可能暂时还无法接受大额的网上支付,但是小额支付目前已经非常普遍。比如,广西南宁曾经做过微信支付20元得2000元购房优惠还获赠大米的活动,得到了购房人的普遍欢迎。

对房地产企业来讲,支付过小额资金的微信用户,其精准性远大于未支付过任何费用的准购房人。对房产行业来讲,微信支付或许无法真正实现大额支付买房,但是以小额支付来赢取优惠的活动,可以满足开发商的精准蓄客需求。

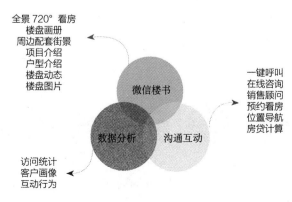

图 3-36 微信门户的系统架构

(4) 微信带客通激励全民营销

基于微信公众平台，房地产开发商能够实现全民营销。因为借助"微信带客通"系统，能够实现"置业顾问+老业主+活跃微信粉丝"三层微信营销体系。

通过"微信带客通"体系，可以实现：

①置业顾问可以通过朋友圈获得客户；

②业主可以更方便地进行"老带新"；

③活跃粉丝在参与分享活动时，能够获得实时的利益激励。

"微信带客通"系统操作简便，置业顾问只需通过微信注册，进行身份绑定，即可获得专属的营销带客活动，如看房团、团购券等。该活动页面与置业顾问绑定，分享至朋友圈、QQ群等社交圈层后，带来的报名、点击，均专属于该置业顾问。

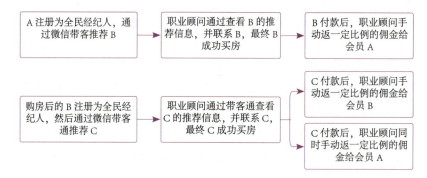

图3-37 "微信带客通"运作流程

微信在地产企业拓客活动的应用

图3-38 某地产企业微信拓客活动的流程

一、活动前用微信公账号发邀请函

从活动举办前一周就开始在微信公众号分阶段、有重点地向客户发出邀请函：

①活动开始前一周，在企业微信公众号发布活动信息和邀请函，用户看到活动信息后，有意向则可以进入邀请函登记页面，输入个人信息后，后台将自动生成邀请页面到客户的手机；

②活动开始前两天，介绍活动亮点，提醒客户到场；

③活动开始前一天，提示活动的时间以及地点、路线等。

这个过程中，房地产拓客人员需要完成的任务有三个。

表3-17　活动前微信邀请的3个工作任务

任务	内容
客户召集	召集客户，减少拓客的人工费用支出
提取资料	从收集到的客户信息中，归类、整理、提取客户资料
保证到场率	邀请期间不断提醒参与人员并提供相关活动信息，保证活动的到场率

二、微签到实现到场人数快速统计

嘉宾在自己的手机里即可进行签到。嘉宾到场时打开企业微信公众号，点击签到页面输入姓名和手机号码，再点击签到按钮，即完成签到（之前登记过邀请函的用户，后台将自动输入姓名和电话，直接点签到即可）；签到嘉宾的姓名将同步到祝福墙的大屏幕。

表3-18　微签到现场工作

引导处	临近入口，贴上地贴，铺上红地毯，为嘉宾提供指引，制造活动氛围；活动现场入口处，防止易拉宝介绍活动信息以及参与指南，引导嘉宾，提高活动效率
签到台	签到台放置相关资料，如二维码台贴或桌贴；工作人员做好嘉宾引导工作

三、祝福墙调动嘉宾参与激情

嘉宾签到过后，在工作人员的指引下，进入主会场参与祝福墙活动。

客户通过手机微信发送祝福文字或表情，后台审核通过后将显示在大屏幕，现场大屏幕将实时动态滚动显示。

表3-19　祝福墙环节工作内容

硬件设施	准备投影设备，大屏幕为主视觉，嘉宾手机与大屏幕的互动，手机微信上参与互动的内容将随时投影在LED屏； 准备两个IPAD，以供嘉宾现场扫描二维码
工作人员	嘉宾通过手机微信点播祝福或者文字内容后，工作人员负责审核文字内容（祝福无需审核），审核通过后，发送到大屏幕滚动播放
后台操作	登录后台，人工审核，手动控制播放
抽奖规则	现场还可设置中奖环节，规定发送尾号为多少的客户中奖，如在发送顺序中，尾数是8的中奖，则第8、第18、第28、第38、第108等这些客户可获得奖品一份，调动嘉宾参与激情

四、摇一摇 / 大转盘现场互动

此环节可选择摇一摇 / 大转盘两种方式，在活动开场及节目表演结束后，进行现场互动，炒热气氛。

1. 摇一摇

用户发送手机号参与微信摇一摇，摇得越快，大屏幕显示排名越高。当有人达到 100 分时，活动结束，排名靠前客户得相应奖品。可多次重复。为避免重复中奖，可现场规定，中奖者不参与下次环节，为其他嘉宾提供更多的获奖机会。

2. 大转盘

现场互动中，用户发送手机号码即可参与，用户打开活动页面，点击开抽奖按钮，即开始抽奖，抽奖过程和结果将在用户手机和大屏幕同时显示。

五、倒计时活跃氛围

在新品发布会或启动仪式环节中，可应用倒计时，让所有的嘉宾或观众都参与其中或共同见证这一刻。嘉宾或观众在主持的引导下先进入手机倒计时页面，开始时与舞台大屏幕同步倒数，当倒数最后一秒时，每位来宾按手机上的启动按钮，都将成为 LOGO 的一个像素，直到拼成一个完整的 LOGO。

六、微投票获得客户信息

在座谈会、讲座或晚会中均可应用微投票进行现场调查或评分，类似于电视节目的现场抽奖。

通过主持人引导，台下观众可打开微信投票页面，观众进行投票或打分，投票或打分的结果将展示在大屏幕上。

七、微分享实现以客带客

可贯穿全场活动，特别是活动高潮过后，主持人引导嘉宾将本次活动拍照片分享给好友或朋友圈，分享后即有机会获得奖品一份。客户将产品或活动信息分享给好友并邀请好友关注，后台自动统计客户分享所带来的新增客户，以此奖励客户，则分享更有效果。

第四章 FOUR

房地产项目异地客源拓展

  随着城市人口的急剧扩大、交通便捷及城市辐射圈的扩展，人们的生活边界也在不断外扩，一个楼盘的目标客群范围也随之不断外扩，房地产项目销售突破地域局限，实施异地客源拓展是其非常重要的一个销售战略。

  房地产的异地客源拓展，是开发商及地产项目的新机遇，是地产企业和项目本地区消费者认可度和企业品牌效应的直接体现。

  房地产项目的异地拓客难度较高。房地产行业本身的特殊性决定了其营销的区域性很强，购房者一般都会集中在本城镇，至多辐射到郊区；住宅项目的区域性表现得尤为明显。因此，房地产项目的异地客源拓展工作，需要缜密的前期策划、巧妙的实施办法和对异地拓客驻点完善的管理，才能抓住市场机会，建立销售渠道，借机做产品品牌扩展，在项目当地建立更好的合作及关系。

房地产异地客源拓展前期策划

开发商每做一个地产项目都要先进行严谨的可行性评估、市场调研、客户定位、拓展模式选择等前期策划，尽可能让项目精准定位，符合市场需求，降低项目的拓客成本和风险，带来效益。而需要做异地客源拓展的项目，这项工作的要求要更加严格和细致。

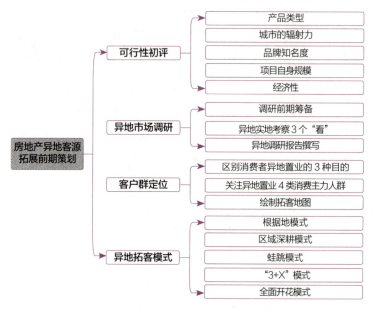

图4-1 房地产异地客源拓展前期策划

异地拓客可行性初评的5个评估点

异地拓客对于房地产业来说，意义十分重要，但并不意味着每个房地产项目都可以进行异地拓客。在异地拓客实施之前，还要仔细评估异地拓客项目的可行性，初步评估工作主要包括以下5个评估点。

图4-2 异地拓客可行性初评的5个评估点

▶ 1 评估点1. 产品类型是否适合异地拓客

地产项目的异地拓客,首先要做产品评估。并不是所有项目都适合到外围拓客,需依据产品自身的属性而定。

住宅产品具有区域性特点,消费群体大多集中在本区域范围内。除非是价格水平较低、具有投资价值的项目或该区域居民有到项目所在地置业的需求。

相较而言,以下三类产品适合异地拓客:

①商铺类商业产品更适合异地拓客;

②一些SOHO办公产品具有投资属性,且投资回报比高,这类产品的客源较为广泛,不会局限在本土,较适合到异地拓客;

③滨海休闲地产、旅游地产和一级城市高端地产项目是异地拓客的主要运营对象。

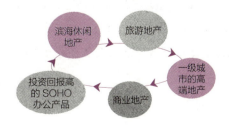

图4-3 适合异地拓客的房地产产品类型

▶ 评估点 2. 项目所在城市的辐射力

异地营销应考虑项目所处的区位和所辐射的区域。文化中心、交通中心城市或风景秀丽、气候宜人的城市，具有一定的辐射力。如北京是中国的政治文化中心，上海是中国的经济中心，它们都可以辐射到全国乃至国外；省会城市是一个省的政治、经济、文化和交通中心，可以辐射到全省和毗邻地区；大连、青岛、宁波、厦门是著名的海滨城市，风景秀丽，可以辐射到其他的内陆地区；另外，中心型地级市则对其下辖的县市具有辐射力。

图 4-4　城市辐射力强的城市

▶ 评估点 3. 评估品牌知名度高低

品牌知名度，是影响购房者异地置业的重要因素。品牌知名度不高的房地产企业不适合异地营销。因为只有项目品牌知名度非常高时，才能给异地购房者树立购买增值的信心。

▶ 评估点 4. 项目自身规模大小

如果项目规模较小，即使销售速度缓慢，依靠当地市场的销售需求，也不需要多长时间，就没必要进行异地客源拓展。如果项目规模较大，或项目所在地市场竞争激烈，单纯依靠当地市场，销售速度会非常缓慢，且项目资金压力过大，则可考虑通过异地拓客加快销售速度。

评估点 5. 异地拓客是否经济

异地拓客必须考虑异地营销的经济性,即成本问题。异地拓客的成本通常包括4个部分。

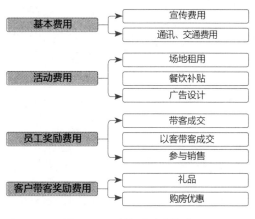

图 4-5　异地拓客成本构成

成本 1. 基本费用

异地拓客的基本费用包括两大部分:

①宣传费用。异地拓客配备人员、准备资料、推广宣传,有时需要设立售楼处等,这些都需要一笔不小的支出;

②通讯、交通费用。项目本部需要与异地拓客点保持良好沟通,需要付出通讯费和交通费用,此外有时需要承担准客户往返项目楼盘的交通费用等。

成本 2. 活动费用

异地活动的场地租用、餐饮补贴、广告设计等费用。

成本 3. 员工奖励费用

对异地拓客员工的销售奖励费用。例如,员工每找到一个意向客户,该客户最终成交,奖励2000元,如果最终跟进并成交,予以额外给予提成点数奖励;每找到一个"带头大哥",并产生最终5套以上成交数量,额外奖励10000元,若为该拓客人员跟进产生的销售,额外奖励原先提成点数的一倍。以上的奖励措施对一个项目来说,都是比较高的成本。

成本 4. 客户带客奖励费用

由客户带来的客户最终成交后要予以客户感恩奖励。奖励可采用赠送高价值旅游券等礼品、购房优惠等。

考虑到经济性原则，异地拓客通常是比较有针对性地选择所要攻占的区域，而不是漫无目标地全面撒网。异地拓客区域越大、越多，成本自然就越高。

异地市场调研 3 个步骤

计划到某个城市开展异地拓客时，因为一切陌生，推广项目往往无从下手。这需要对该城市进行实地调研。主要调研目标是当地的文化、人口基数、居民收入水平，做到心中有数，还要研究当地类似的项目的市场手法和销售情况。

市场调研工作主要分为三个步骤。

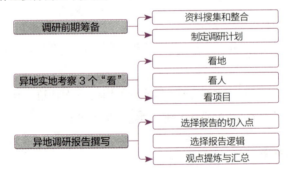

图 4-6　异地市场调研 3 个步骤

▶ 步骤 1. 调研前期筹备

调研前要成立一个调研项目组，通过网络、中介、传媒机构等途径了解关于拟入驻城市的各方面情况，如衣食住行、风土人情、同行情况等；并制定合理紧凑的调研计划，之后才开始实地调研。

（1）资料搜集和整合

考虑到异地实地调研的成本，资料尽量通过第三方索取。收集异地资料的基本途径有四个。

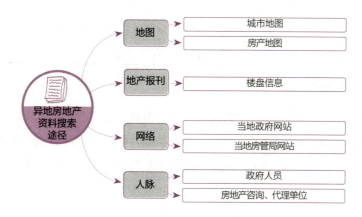

图4-7　异地房地产资料搜索途径

①必备2张地图：一张是城市地图，一张是房地产项目分布地图。城市地图可以了解这个城市的主要交通道路，再与当地人交流，了解政治中心、经济中心、文化中心等，目的是了解这个城市的大体情况，这是由陌生走到熟识的第一步。从房地产项目分布地图了解目前在售楼盘情况，可以知道目前本地区的房产开发商和项目情况，做到知己知彼，百战不殆；

②当地的地产报刊。其中会有大量的楼盘信息，当然并不是所有的地方都有这类报刊；

③通过网络等途径，初步了解该区域的发展现状、人文特征、工农商行业特征、消费习性等，同时还对该区域的交通、楼盘信息进行梳理；宏观数据可以从当地政府网站获得，房地产市场的数据可以从当地房管局网站收集；

④利用相关部门或人脉关系，了解该区域市场状况，同时为市调工作做人脉准备，根据"六道分隔论"原则，寻找最有利的"地陪"，及当地重要部门的"圆点"。

（2）搜集和整合异地拓客的资源

做异地拓客需要搜集和整合的资源主要包括宏观、中观及微观三方面情况。

表4-1 异地拓客需要搜集的资源

项目	内容
宏观经济环境	数据政策、人口、银根、消费力、地产相关
区域环境	自然状况、人口类别、配套（学校、交通、商业、娱乐）、经济（大型工厂、企业）
项目	规模、特点、业内访问状态、建筑质量、品牌；竞争竞合关系；开发商实力；代理商状态
市场供应分析	业内访问、政府拜访（房产、土地、规划）

（3）制定调研计划

异地项目首先要明确异地调研的目的、任务、目标，做细致的分工和安排，根据搜集的资料数据，以紧凑合理为标准，对市调内容、路线、行程安排等进行有效计划。调研计划的合理性主要从公司角度考虑。例如，制定调研时间要考虑调研人员的食宿、交通费等成本。

步骤2. 异地实地考察3个"看"

由于异地调研时间通常比较短，所以在有限时间里建议调研人员实行"三个看"：看地、看人、看项目。

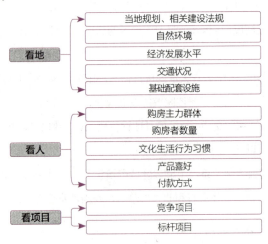

图4-8 异地实地考察3个"看"

（1）看地

主要是了解当地规划、相关建设法规的实施情况，以及自然环境、经济发展水平、交通状况、基础配套设施等。

（2）看人

条件允许的情况下，争取通过做问卷，深入了解当地居住及购房习惯；条件有限的话，以售楼部踩盘的方式获取客户需求信息，以期了解当地房地产购买者的主力群体，以及该群体的数量、文化生活、行为习惯、产品喜好、付款方式等特点。

（3）看项目

异地调研需要看的项目主要指当地市场在售的竞争项目与区域的标杆项目。看的内容主要是看其产品特征、销售状况、推广方式等，总结现象，分析趋势。通过典型楼盘来了解异地市场，是在有限时间内快速了解异地房地产情况的基本方法。

对于竞争项目的市场调研，主要的调查内容有：

①当地市场在售楼盘的具体情况，包括其开发量、销售进度、销售人员的整体水平、区域执行人员的综合素质水平、推广方式、直接竞争和间接竞争楼盘的数量和区位差别；

②本项目的销售周期内还会出现多少竞争楼盘；

③从中得到一些有关于市场消费和人文、习惯等有价值的内容。

▶ 步骤3. 异地调研报告撰写

调研后，调研小组要形成一份摸底性质的客观事实陈述报告。这份报告在今后的营销策划工作和置业顾问培训中作用很大。

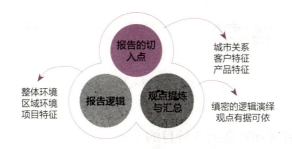

图4-9 异地调研报告撰写要点

（1）选择报告切入点

调研报告切入点如城市关系、客户特征、产品特征等。由于切入点差异可能导致报告逻辑结构不同，通常先把公司最关注的结论写在最前面。

（2）选择报告逻辑

常规报告是按照从整体到区域，到竞争环境，最后到项目本身的逻辑顺序进行的。各个环节都要全面挖掘下一逻辑论让需要的依据。

（3）观点提炼与汇总

基于切入点角度、缜密逻辑演绎，提出有目标性的概念和观点。这样做有利于切实解决项目问题，提出有目标性的概念和观点。观点提炼与汇总尤其需要注意的是，对于事实陈述客观，凡是判断言论，应对应"深度访谈"、"研究报告"等出处。

异地拓客客户群定位

任何产品或项目都离不开把握与了解市场需求。因此，做异地营销之前有必要对市场及城市人群进行系统调研，从而寻找到客户需求刺激点并有效确定项目的目标人群，做到有的放矢。

图 4-10　异地拓客的客户群定位

▶ 1 区别消费者异地置业的 3 种目的

消费者置业目的，影响房地产运营者异地拓客宣传主题、方式的确定。通常消费者异地置业目的主要有三个：

①业主用来自住，为在两地经商提供便利、方便子女求学和创业；

②用来投资、出租或转手获利；

③投资和自住结合，业主自己分时度假等。

❷ 关注异地置业 4 类消费主力人群

要从异地众多的消费者中筛选出异地置业的潜在客户,可以先以四类异地房地产消费主力人群为准:

①异地置业第一主力,即商务人士;

②演艺界人士和体育名人;

③投资型置业者;

④异地养老者。他们看中的是一些周边自然环境幽雅的名胜地域或沿海城市。他们对住宅品质和性价比要求较高。

❸ 绘制拓客地图

在客户细分、实地调研、客户群定位的基础上,绘制出拓客地图。客户地图最好采用手绘方式,以熟悉拓客的每一寸土地,拓客工作才能更加深入。拓客地图需要根据拓客工作执行情况适时更新。

(1) 绘制拓客地图的 4 个步骤

绘制拓客地图可参照以下顺序进行。

图 4-11 绘制拓客地图的 4 个步骤

(2) 拓客地图的内容

客户地图不仅是客户居住地址的分布,它还应该包含以下内容:

①客户职业特点,包括大片区经济的支柱产业、经济结构、商业类型、人脉资源构成等;各区域商家、企业数量,各群体客户类型、规模等;具体到每个区域、每个行业中客户的具体数量、位置、规模等信息;

②客户衣食住行轨迹,包括医疗、教育、大型商场、娱乐休闲、交通枢纽、学校、企事业单位等配套的分布。

异地客源拓展模式选择

房地产企业须在战略发展目标和异地拓展战略之间进行科学合理的评估与搭接,选择适合自己企业实情的异地拓展策略。而企业管控能力和可支配资源是关键指标。

图 4-12 房地产异地客源拓展 5 种模式

▶ 房地产异地客户拓展的 5 种模式

我国房地产百强企业中,绝大多数企业均是通过异地拓展实现了高速稳健发展。综合百强企业的异地拓展策略,总结出五种主要异地拓客模式。每种模式都做利弊分析。

表 4-2 房地产异地客源拓展 5 种模式优缺点对比

模式	优点	缺点	案例
根据地模式	管理难度较小; 产品、营销、服务等核心能力便于复制; 人才易于招聘; 企业文化便于传承	市场过于集中,风险集中; 固守一省,难以获得省外市场经验与资源	建业地产股份有限公司
区域深耕模式	发展较为均衡; 获取省外经验和资源,为进一步大范围拓展奠定基础	风险依然相对集中	江苏新城地产股份有限公司
蛙跳模式	快速获得不同经济区的经验和资源,有助于成长为全国性公司	面临多重挑战	花样年控股集团有限公司
"3+X" 模式	全国布局,主次分明,稳打稳扎、健康发展	需要分配好各个拓展点的资源	金地集团
全面开花模式	全国布局,均衡发展	对于管控模式提出了更高要求	万科

模式 1. 根据地模式

该模式聚焦一个省份,以全省地域为拓展目标,逐步拓展至全省绝大多数乃至全部地市,从而建立起稳固的根据地。

(1) 根据地模式的优点

管理难度较小；产品、营销、服务等核心能力便于复制；人才易于招聘；企业文化便于传承。

(2) 根据地模式缺点

市场过于集中，存在"将所有鸡蛋放在同一个篮子里"之风险；固守一省，难以获得省外市场经验与资源。

(3) 该模式的代表性企业

河南建业地产股份有限公司。2009年4月29日，建业成功摘得鹤壁新区宗地。至此，建业完整覆盖河南省全部16个地级城市。

模式2. 区域深耕模式

该模式以相邻若干个省市的特定区域为拓展目标，迈出了真正意义上的异地拓展步伐，可以视为根据地模式的升级版。

(1) 区域深耕模式优点

拓展范围涵盖不同类型的城市，发展较为均衡；获取省外经验和资源，为进一步大范围拓展奠定了一定基础。

(2) 区域深耕模式缺点

风险依然相对集中，一旦该区域市场受到政策、经济或自然等因素的影响而进行深度下行调整时，企业正常经营将深受冲击。

(3) 该模式的代表性企业

江苏新城地产股份有限公司。创办于1993年的新城地产，起步于江苏常州，迅速成长于长三角经济核心区，目前已经发展成为覆盖上海、南京、苏州、无锡、常州五大区域市场的知名地产商，连续多年位居江苏省房地产企业综合实力之首。

模式3. 蛙跳模式

该模式不局限于一省或一个局部区域的拓展，而是放眼全国，一旦发现合适的战略拓展机会，即刻快速跟进，呈现出蛙跳态势。

(1) 蛙跳模式优点

快速获得不同经济区的经验和资源，有助于成长为全国性公司。

(2) 蛙跳模式弊端

企业将在管理、产品、营销、客服、人才和文化等领域面临多重挑战。

(3) 该模式代表性企业

花样年控股集团有限公司。花样年于 1996 年在深圳启动房地产开发，凭借丰富的经验和卓越的能力，已成功扩张至中国增长最快的四个经济区（即成渝经济区、珠江三角洲地区、长江三角洲地区及京津都市圈），已进入北京、上海、深圳、天津、东莞、惠州、成都、苏州、无锡、南京、桂林、大理、宁波等 13 个一、二线城市或区域核心城市，并保持每年新进入 1~3 个核心城市的速度来持续扩大公司的战略纵深。同时，在海外新兴市场积极寻求投资机会，已于香港、台北、新加坡、东京设立办事处，且在新加坡投资了项目。

模式 4. "3+X"模式

"3"就是三大经济区域，"X"就是其他区域的目标城市。该模式以中国经济最发达的环渤海、长三角和珠三角等三个区域作为稳固的根据地，在这三个区域精耕细作；同时，紧密关注这三个区域之外的拓展机会，一旦发现有合适的机会，即可适时跟进。

近年来，运用"3+X"模式房地产商的拓展范围多是：以香港、深圳、广州为核心的珠江三角洲城市群；以上海、杭州为中心的长江三角洲城市群；北京为中心的京津唐城市群；以大连、沈阳为中心的辽中南城市群等。另外，北京、上海、深圳、大连、杭州、珠海等中心城市是异地置业者的首选地。

(1) "3+X"模式优点

全国布局，主次分明，稳打稳扎，健康发展。

(2) "3+X"模式缺点

需要分配好各个拓展点的资源。

(3) 该模式的代表性企业

金地集团。金地集团自 1988 年成立以来，在很长的时间内一直专注于三大经济区域，直到 2003 年以后才逐步启动 "X"，目前进入了武汉、西安、沈阳、长沙等地。

模式 5. 全面开花模式

该模式是异地拓展的最高形态：以全中国作为拓展目标，只要有合适的机会，就可顺势而入，呈现出全面开花之势。

(1) 全面开花模式优点

全国布局，均衡发展。

(2) 全面开花模式缺点

对于管控模式提出了更高要求。

(3) 该模式的代表性企业

万科。万科早年也是"3+X"模式，但自 2007 年之后，步入发展快车道。万科在中国的业务已覆盖广深、上海、北京和成都四大区域，并已进入香港市场。截至 2014 年底，万科 43 家一线公司的业务覆盖中国大陆 65 个大中城市；万科的海外业务也扩展至新加坡、美国旧金山和美国纽约。

2 选择异地客户拓展模式的 3 个标准

企业异地拓展模式如果不顾能力和资源而一味冒进，最终可能导致铩羽而归；而如果能力和资源已具备，依然不敢前进，可能会错失良机。

一般而言，确定企业选择何种异地拓展模式可用以下三个标准衡量。

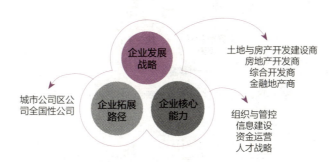

图 4-13　选择异地客户拓展模式的 3 个标准

标准 1. 企业发展战略

企业战略发展分为逐步递进的四个阶段：土地与房产开发建设商、房地产开发商、综合开发商、金融地产商。对应于每一个阶段，均有相应的拓展模式进行支撑；越到后面的阶段，对异地拓展的要求就越高，同时也越急迫。

标准 2. 企业拓展路径

企业拓展路径一般是从城市公司发展到区域公司再到全国性公司，处于路径中越靠后阶段，对于异地拓展的要求也就越高、越急迫。

标准 3. 企业核心能力

保证房地产企业异地拓展成功的四大支柱：组织与管控、信息建设、资金运营和人才战略。这四大支柱越整齐，企业异地拓展的能力就越强，就越偏向于选择高级的异地拓展模式。

A 地产企业建立全国联动的异地分销体系

全国联动分销体系能够整合各代理公司庞大的客户群体资源和专业的销售经验，降低该企业的销售人力、物力成本和风险，提高该企业各项目全国范围内知晓度，打破传统自销模式，打开企业各项目异地市场的销售渠道。

图 4-14　A 地产企业建立全国联动的异地分销体系

一、本地分销渠道

A 地产企业在本地选择具有拥有大量客户资源以及专业性更强的代理商，将部分甚至整个楼盘进行营销代理。

二、异地分销渠道

A 地产企业主要是借助具有全国资源性的分销商拓展全国市场，对浙江、上海、香港、澳门、台湾等热门一线区域，做出相对应的考察拓展方案并重点建设；同时，以高佣金的方式吸引外地高端分销商合作，将全国投资者向重庆以及 A 地产企业引导的方向进行战略部署。

三、建立经纪人团队

建立了独立经纪人团队来降低成本，添加售楼部的销售气场和人气，并为该企业积累大量的客源，增加项目知晓度。

第二节

异地客源拓展实施策略

房地产项目异地拓客需要解决三个问题：

如何抓住有限的目标客户群，通过有效的信息传送渠道让他们了解项目信息；在目标客户接触到项目信息之后，如何让客户了解并接受异地的房地产品牌；打消客户最后的疑虑，促成项目交易。

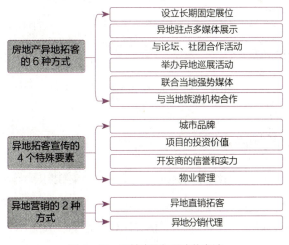

图 4-15　异地客源拓展实施办法

房地产异地拓客的 6 种方式

房地产品牌的异地辐射力和支撑力比较弱，并且由于房地产项目的开发周期比较长，不能像快速消费品那样非常有效地借助产品进行传播和推广，因而加大了宣传推广的难度。如何选择合适有效的宣传推广方式，吸引目标客户并获得他们的认可，是进入异地城市后所面临的首要问题。

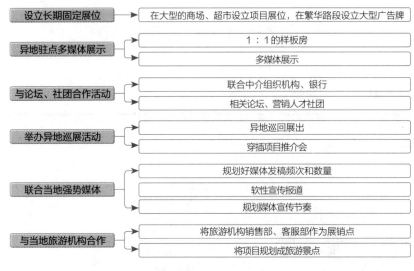

图 4-16　房地产异地拓客 6 种方式

▶ 方式 1. 设立长期固定展位

针对异地客户少而分散的特点，宣传推广方案应减少采用报纸这种覆盖面虽广但时效短的方式，加大采用固定而长期的推广方式，如在大型商场、超市设立项目展位，在繁华路段设立大型广告牌等。这些推广方式能够针对一定的客户群，长期持久地发挥宣传效应。在实际应用时可以根据具体情况，采用一种或多种推广方式。

▶ 方式 2. 异地驻点多媒体展示

由于房地产的不可移动性，异地消费者不能很真切、很方便地感受到产品。即使可以推出 1：1 的样板房，也无法推出 1：1 的周边环境和配套设施，顾客仍然很难全面了解产品。因此，如何通过有效的手段让顾客方便、真切地感受产品，是房地产异地营销一个十分关键的环节。多媒体展示则能实现这个功能。

多媒体展示就是把对项目介绍做成光盘，通过多媒体对项目的建筑效果、小区绿化、周边环境和配套设施的演示，让客户对项目的认识更加清晰。通过多媒体展示可以形成意向客户，进而通过现场展示加强客户的购房意愿。

房产售楼处多媒体展示案例

展项 1. 弧幕投影展示项目规划和周边配套

透视未来馆视听室由弧幕投影系统、影音系统、三维影视宣传片共同组成。大屏幕由多台投影机拼接而成,形成一个具有立体效果的弧幕影院视觉冲击。弧幕播放影片更加震撼且立体。视听室内配有座椅,可观赏性强。主要突出展示项目的未来规划、区位交通、生活配套、智能配套等。

把个房地产项目做成三维影视宣传片,可单独播放,也可以与模型进行互动播放,并剪辑 2 个版本(30 秒、40 秒),作为广告宣传及楼宇广告片。

展项 2. 多媒体沙盘展示项目环境

1. 展项说明

通过声光电沙盘,以声光电的形式展现地产的独特项目特征,让观众在绚烂的视觉效果中了解项目信息。可清晰了解楼盘信息、格局布局、方位、绿化等信息。

2. 展项内容说明

沙盘将按照整体的 CAD 进行按一定比例还原,体现此项目的壮观、绿色、生态等特色。

3. 产品尺寸

模型以 4 米 ×3 米制作,再按照项目真实 CAD 比例制作。

图 4-17 多媒体沙盘

展项 3. 单体模型展示户型

1. 展项说明

三至四组 1:25 比例制作，将不同户型以 360 度的概念还原到参观者面前。静态立体模型做工精细，形象逼真。

2. 产品尺寸

每个单体展柜 1 米 ×1 米。

展项 4. 多媒体触摸桌招待客户

1. 展项说明

利用多点触摸桌，把普通的接待桌，变成有科技含量的多功能接待桌，可利用接待桌结合售楼宝、房产项目概况查询等功能，更加详细地介绍整个楼盘。

2. 产品尺寸

显示尺寸为 42 英寸 ~ 55 英寸；

桌子尺寸约为长 1.3 ~ 18 米，宽 1 ~ 1.2 米左右。

图 4-18　多媒体触摸桌

展项 5. 三维幻影成像展示房屋细节

幻影成像系统以 360 度的视角观看，参观者可环绕设备参观。将项目户型通过三维建模，制作成立体动态影像，展示户型房型的细节，视觉效果更震撼，更立体。

产品尺寸：中间成像尺寸高度从 20 厘米到 30 厘米均可，20 厘米的整体尺寸在宽 70 厘米 × 高 160 厘米左右。

③ 方式 3. 与论坛、社团合作活动

除了统一对外宣传外，与各种社会资源整合，例如联合中介组织机构、银行等多种机构来共同参与，与当地相关论坛、营销人才社团等合作开展活动，争取在较短的时间内建立项目在异地的品牌形象，也是异地拓客的宣传推广方式之一。

④ 方式 4. 举办异地巡展活动

房地产项目在异地巡回展出，能够扩大项目的知名度，扩大品牌影响力和促进项目在区域内的销售而进行的"点"式宣传，是营销效果相对较好的一种展览营销模式。有的巡展项目还穿插项目推介会，做到对精准客户的项目完整的宣传。

房地产异地巡展要注意以下要点：

①注重与客户的互动，在巡展中尽可能与客户互动，能扩大巡展影响，获取客户信息，增加与客户进一步接触的机会；社区巡展活动中互动的形式可以采用抽奖、定时派送礼品、做一些义务服务等；

②要安排好巡展时间，选择在人流量大的时间段，例如，在住宅小区的巡展活动应选择在 16:30～19:00 之间。

某项目异地巡展活动策划

某项目策划在几个城市开展项目销售巡展活动，策划方案如下。

一、地点

各市高档酒店会议中心。

二、展示内容

海南环境及地产现状、发展趋势、产品介绍、开发商介绍、销售政策咨询、现场接受认购等。

三、展示形式

电视资料片、幻灯图片、专人介绍。

四、推广计划

①各城市主流报纸周三1/4版以上硬广1次或2次（根据当地媒体实际情况确定），软性新闻两次；

②当地电视台晚间新闻时间段每天5次游字及2次整屏广告，共一周；

③各高档社区宣传栏及市区人流密集区域宣传栏海报张贴；

④会展酒店大堂展板展示一周，并悬挂横幅广告，酒店大堂设接待区域。

五、人员配备

①总指挥1人，负责巡展总体运作，包括场地、宣传、现场指挥等；

②销售人员2人（当地代理公司），负责客户接待；

③财务1人，负责合同签收及资金收取；

④协调人员2人（当地代理公司），负责广告宣传及整体协调；

⑤公司领导2人，负责对海南及项目的介绍发言。

六、物料配备

①电视广告宣传片（介绍海南的资料片）；

②项目宣传幻灯图片1组；

③海报若干；

④项目宣传资料，包括楼书、折页、单张等；

⑤X展架；

⑥音响、投影仪等1套（酒店提供）；

⑦资料架1套；

⑧接待桌椅1套（酒店提供）；

⑨新闻通稿1套；

⑩广告设计版面1套；

⑪销售文书若干；

⑫模型1套。

七、费用预算

每个区域城市不超过4万元。

方式 5. 联合当地强势媒体

要实行异地拓客,辐射到不同城市的有价值人群,就要联合当地强势媒体势,才能保证有准确的受众到达率。

在与媒体合作前需做好以下规划:

①事先规划好媒体发稿频次和数量;

②重视软性宣传报道的力量,在与媒体拉近关系的情况下尽可能多地发布软文;

③事先规划媒体宣传节奏,在某段时间能形成异地拓展宣传的集中爆发。

软文的发布有很多技巧性,因为就软文的形式而言有很多种。这也是很多企业善于利用此资源并且大做文章的主要原因之一。如果可以的话,可以借助一家或多家媒体以连续或专栏的形式,主要来介绍关于异地置业投资的诸多信息。如:全国异地置业形式分析、异地置业发展趋势、如何选择适合自己的异地置业、选择异地置业注意事项等内容。从宏观的角度来分析异地置业,并且为有此需求的消费者提供有利的分析依据。

图 4-19 媒体合作规划

方式 6. 与当地旅游机构合作

房地产异地拓客与当地的著名旅游机构合作,可分为两种方式。

(1) 将旅游机构销售部、客服部作为展销点

在旅游机构销售部、客服部投放项目 DM 介绍或设计成小型经典旅游指南楼书,突出项目周边旅游优势和项目主要卖点,吸引有意客户联想与欲望。

(2) 将项目规划成旅游景点

与旅行社合作,将房地产项目规划成一个旅游景点,由导游带领客户参观项目,而开发商需要支付导游和旅游公司提成、提供礼品等物料支持,甚至为导游提供相应培训。

房地产项目与旅行社的合作

某项目通过与旅行社的合作,将开发商的开发项目纳入到整个的旅游行程之中。导游将游客带上岛之后,通过巧妙的方式,将开发商的楼盘项目规划进其旅游行程中的一个景点,潜移默化地给潜在客户进行推介。

开发商会为此提供一定的金钱补贴,同时提供一些必要的小礼品等其他物料支持。

导游在旅行团登岛后,通过其专业的能力甄别出有意向的客户,单独带他们去查看项目。为了提高导游甄别的准确度,开发商还需要对合作方导游给予一定的培训及相关支持。一旦成交后,导游和旅游公司都可以提取一定的佣金。

某项目异地拓客计划

某项目为在非项目所在地城市——××城市拓展客户,制定了以下方案。

图4-20　某项目异地拓客方案

一、老客户拜访计划

具体操作方式:搜集所有销售员手上成交客户异地籍的,进行电话回访,约定时间在客户当地进行一对一拜访。这种拜访在维系业主的同时也可充分挖掘这部分老客户周边的圈层朋友,以促进老带新。

额外的刺激：异地客户老带新增加新的折扣或礼品方式。

预计拓客：35 批。

所需物料配合：销售员手上异地老客户资源，老带新激励方案，拜访礼品。

二、派单计划

派单重点区域：以异地市城市广场中心，辐射周边居民区、大面积停车场、超市出入口、其他繁华区域等。

派单时间：每天早上 9 点 ~11 点、下午 16 点 ~19 点。

预计拓客：100 批。

所需物料配合：DM 单张、户型图、行销人员。

拓客结果及反思：实际推广效果要大于拓客效果，但行销推广较单一，记忆度较低。

三、大型宣讲计划

具体操作方式：到异地后，各团队联系大单位客户，进行上门拜访、洽谈，争取机会到大单位宣讲全面的介绍项目，并登记意向客户（优先开发商异地合作单位）。

预计拓客：30 批。

所需物料配合：DM 单页、宣讲 PPT、小礼品。

实际效果：效果不明显，异地企业对合作宣讲不热衷，无利益推动，实际执行度不高。

四、针对异地市资源客户 Call 计划

具体操作方式：购买短信公司异地客户资源，分发给销售员或者行销进行 Call 客，并邀约客户，若客户意向较好，可以加入客户拜访计划，增加客户的诚意度，或现场邀约。

预计拓客：30 批。

所需物料配合：异地客户资源、call 客电话、call 客说辞。

五、陌拜商会或者银行大客户

具体操作方式：与各地总商会取得联系，拜访商会总负责人，与其合作，协办搭建组织活动，并全程赞助活动费用。在活动过程中，以项目推介会的形式融入活动，通过异地各大银行各街镇支行大客户经理对存款或投资 50 万以上的目标客户群推荐项目，若其所推荐客户成功购买则给予银行大客户经理一定奖励，以便带动其积极性。

预计拓客：20 批。

所需物料配合：项目推介 PPT、小礼品、DM 单张。

实际情况分析：没有合适的切入点，没有利益驱动，商会合作意向较低。

六、费用预算

表4-3 某项目异地拓客费用预算

事项	数量	金额(元)	小计(元)	备注
行销人员	50	100	5000	工作日平均5人出行,周末增加至10人
人员住宿费	100	150	15000	每两人一间
餐费	300	15	4500	
活动费	1	10000	10000	赞助商会活动
车马费	1	3000	3000	物料搬运费
宣传单张	20000	0.3	6000	
应急费	1	5000	5000	
小礼品	500	10	5000	
购买Call客资源	3000			短信公司资源
合计			53500	

异地拓客宣传的4个特殊要素

房地产项目在异地拓客宣传推广中需要展示的项目基本信息包括：楼盘的位置、面积、室内格局、户型结构、朝向、楼层、设施、设计、质量、年代、环境等因素，这是业主选择合适于自己的楼盘的根本依据；而考虑到异地置业者对项目未进行实地考察，对项目或开发商难以信任的心理特征，还需要宣传4个特殊要素：城市品牌、项目的投资价值、开发商的信誉和实力、物业管理。

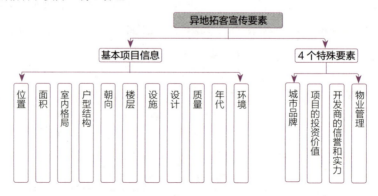

图4-21 异地拓客的宣传要素

要素 1. 城市品牌与地产品牌相结合

异地营销的前提是建立城市吸引力。因此，做好两者结合更有利于项目销售与推广。如果客户对项目所在的城市并不了解，那么把项目介绍得再详细也是没有用的。因此，城市的形象、人文、地理对客户来说比项目本身更重要。

要素 2. 论证清楚项目的投资价值

业主不可能一年 365 天都在异地工作生活。异地置业居住的"阶段性"决定了房子必须具有投资价值。楼盘周边环境的空气质量、所属气候类型；目标楼盘的交通、医疗、学校、购物、绿化程度、安全性以及其他相应配套设施等；还有项目所在城市的经济、人文环境、人流量、人均可支配收入等。

要素 3. 展示开发商信誉和实力

这一点至关重要，异地置业风险之一就是销售团队对当地情况不熟悉。所以，企业要借助多种方式来做详细介绍。

拓客人员尽可能通过多种方式展示楼盘项目开发商的背景、资质、信誉、实力以及楼盘的远期规划，让客户确信该项目的开发商的口碑和实力，给他们提供心理安全保障。

要素 4. 介绍项目的物业管理

物业管理质量是置业者考察楼盘指标之一。如果拓客项目物业管理是采用外包给物业管理公司的形式，则需要仔细考察物业管理公司并向客户介绍。考察和介绍内容大体有：楼盘物管公司的管理架构、综合事务管理内容、物业设施设备维护、楼宇内外安全管理、环境维护管理、消毒杀虫管理等。

异地营销的两种方式

异地销售实践中，渠道成为一个棘手问题。异地直销和委托异地分销代理商两种方式各有其利弊，开发商要依据自身实力和拟拓客城市的实际情况选择合适的方式。

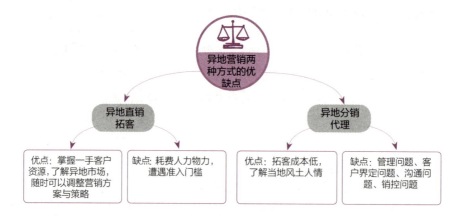

图4-22 异地营销两种方式的优缺点

▶ 方式1. 异地直销拓客

直销是由项目派往各区域的销售队伍，直接归属项目营销中心管理和指挥，是项目异地销售部。

（1）异地直销拓客的优缺点

异地直销拓客的优点是由企业所属团队直接营销与管理，便于掌握一手客户资源，了解异地市场，随时可以调整营销方案与策略。

其缺点是在对拓客地区了解不透彻的情况下，在信息采集方面会严重耗费人力物力；可能存在异地市场准入门槛高的情况。

（2）促成异地置业交易的两个策略

促成客户异地置业需要采取一些策略。

策略一，赠送装修或出售装修房

异地客户很难在当地找到一个合适的装修公司，买房装修成为安居的头等难题。开发商可以通过赠送简装修（或加价出售）的方式，让客户直接入住；还可以设立样板间，将交房标准展现给客户，供客户参考。

策略二，提供代办按揭手续等业务

选择"异地置业"这一客户群多是具有高学历、高职称、有身份、有资本的人士，在置业选择上具有独到眼光。他们的购买考量多着重于方便工作、方便生活等方面。

有人担心异地按揭手续办起来麻烦，以及房子竣工后的验收、交房、出租、转售等一系列问题，"如果每次都得自己过来，太麻烦了。"针对客户这样的顾虑，开发商最好能够为客户提供一条龙式的服务。如可代办按揭手续及相关业务，相应开发提供一系列的星级贵宾服务模式，无须客户每次都要到场。

方式 2. 委托异地分销代理商

委托异地分销代理商，是许多开发商异地拓展会采取的方式。该方式有明显的优点，但也不可避免地存在缺点。

（1）异地分销代理的优点

委托异地分销代理商的优点有两项：

①发展异地分销代理商最大的好处就是以最低的成本，通过代理商在当地建立起来的客户数据库，以电话、手机短信、街道散发资料、邮寄楼书和在当地媒体上投放小广告等方式，直接进入目标区域客户群；

②异地分销代理商比外来开发商更了解风土人情。异地分销代理商在当地与客户的沟通、交流、举办活动、组织看房团等方面，均拥有"地主"优势。

（2）异地分销代理存在的问题

建立异地分销代理商模式也存在很多弊端和难以实际操作的问题，具体体现在：

①管理问题。由于开发商与异地分销代理是甲乙方关系，而不是直接上下级关系，加之双方处于异地，难以规范代理商的拓客行为、树立开发商的品牌形象；

②客户界定问题。分销代理商虽然在当地做了大量的宣传推广，但由于是异地购房，购房者一般都会通过互联网查询项目及项目所在地的情况，大部分结果是购房者首先查询到开发商的项目网站，而直接和开发商取得了联系；

③沟通问题。由于是异地分销，自然就会形成现场售楼处、异地分销销售员和购房者三者之间的沟通难题。通常情况下，异地分销销售员对项目的大致情况都可以通过培训和查看资料来了解，但一旦购房者问到现在还有哪些房型和楼层可以选购等问题，异地分销销售员只能致电现场售楼处了解情况后，再回答给购房者，这种情况的出现往往会丢失客户；

④销控问题。如果在多个区域建立异地分销代理，房地产开发商多采取由分销商签订预订协议，购房者支付定金到开发商账号的方式，保留预定房号。那么，开发商现场售楼处、各地分销代理商销控楼盘房号情况及时传递问题，对促进购房者尽快预约登记看房极其重要。

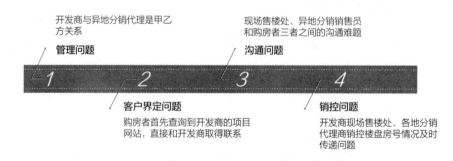

图4-23 异地分销代理存在的问题

某项目异地客源拓展案例分析

异地拓展能否有效促进销售和提升品牌，取得最后的成功，取决于此方案各环节的执行力度、监管及甲方相关人员的配合程度。但凡一个环节出现漏洞，将会影响整个拓展的实际效果。

图 4-24 某项目异地客源拓展案例分析

一、某项目异地客源拓展的关键——人找人

该项目寻找异地客户资源过程中,销售人员起到了重要作用。先通过他们在销售或活动过程中与客户沟通,获知客户重要相关信息,然后再由高层出面,有针对地进行突破。然后还是他们深入到异地,通过几个客户或重要资源打开异地拓展的局面。

二、异地客户资源拓展的3个步骤

某项目找寻异地客户资源的步骤为:

①通过在项目所在地举办活动邀请到老业主参加,活动期间高层领导主动结识客户并在活动末尾的适当时候邀请客户推荐其亲朋好友及在异地的相关高端资源;

②利用这些高端资源,再在拓展目标地通过与奢侈品品牌、零售商、4S店、银行、商会及政府等举办的资源活动,邀请在当地有重要影响力的"带头大哥"及潜在客户,通过与他们的结识、沟通及相互认同(成为好友)后,由他们引荐入当地高端圈层;

③销售人员进行一对一跟踪服务。

具体执行流程为:

图 4-25 某项目通过本地业主开拓异地置业客户的流程

三、异地客源拓展 3 种活动模式

该项目异地拓展客户主要借助活动营销进行,活动又可分为三大类。

图 4-26　异地客源拓展 3 种活动模式

活动类型 1. 业主答谢会

在业主相对聚集的家乡地举办业主答谢会(例如节日欢庆会等),并邀请业主当地的朋友参加。

活动类型 2. 奢侈品类活动

嫁接北京上海的奢侈品资源到异地进行奢侈品类活动(例如奢侈品品牌开店、新品上市推荐会、奢侈品品牌客户答谢会等)。

活动类型 3. 政府、商业类活动

与当地政府、银行及各大商会合办的论坛及交流会等。

四、异地客源拓展的 3 个细节

细节决定成败,异地拓客不能忽略的细节有:

①要求销售人员完全融入到活动中,以客户朋友而非销售身份出现,活动过程中与客户交流只为拉近关系,只谈风月,不涉及推销;

②服务贴心。十分注重对妇女和儿童的尊重和照顾。富豪的后代将继承富豪们的所有遗产,关乎该家族的未来;

③先高规格宣介,后邀请。在活动中,高层领导亲自去结识客户并进行交流,交流时不谈具体销售,只谈开发商操盘经验、项目经济大势等话题,然后亲自邀请客户前来项目所在地,由该项目负责来回机票和北京全程接待。

图 4-27　某项目异地客源拓展 3 个细节

五、异地客源拓展的媒体宣传

该项目进行异地拓展营销活动时，会同时针对当地媒体和项目所在地媒体双方面进行相关的运作：

1. 当地媒体宣传

当地媒体宣传包括异地拓展之前的宣传及异地拓展活动之后的相关报道。

异地拓展营销活动之前会深挖当地媒体资源，并拉近彼此关系，会设法让当地媒体提前进行相关报道以获得以下成效。

图4-28 当地媒体宣传的作用

2. 项目所在地媒体宣传

项目所在地媒体宣传工作包括三个：

①异地拓展营销活动之前会邀请项目所在地相关媒体记者异地现场参加；

②活动之前会提前在项目所在地进行相关报道，为异地活动造势；

③活动之后会在项目所在地媒体从项目品牌影响力的角度发稿报道，以达到以下几重效果：提升并传播开发商的品牌影响力；让该项目所在城市客户体验到其异地营销的成功，从而对项目整体品质和品牌有更高层面的肯定；有利于从新业主身上挖掘异地客户资源，促进下一次异地拓展的开展。

图4-29 项目所在地媒体宣传工作

六、异地客源拓展的3个效果

该项目此次异地拓展的带来了三方面的效果。

效果 1. 提升品牌形象

该项目开发商虽仅在 4 个城市有项目,但是,已经在消费者心目中确立了全国型品牌公司,企业大力度异地推广营销活动功不可没。

效果 2. 借老客户维护

该项目尽最大可能挖掘每个客户身上的可利用资源,不仅有力地实现了客带客,而且实现了利用客户的朋友(他自己可能不买房)带来客户及借此找到客户相关高端资源,并且借此成功进行了老客户维护,提升了项目在客户心目中的品牌形象。

效果 3. 实际销售成果

一般异地拓展从开始到最终实现销售的周期大约为 3~5 月,销售效果视当地的客户资源而定。

异地拓客驻点的管理

异地拓客工作开展中重要的一点是做好相应人员激励制度和信息同步机制。异地项目销售难度不小，销售压力较大。人员容易因和本地项目对比或销售不畅而产生疲劳感和松懈感。所以，抓好异地拓客驻点团队管理和激励需要做成常规性工作。

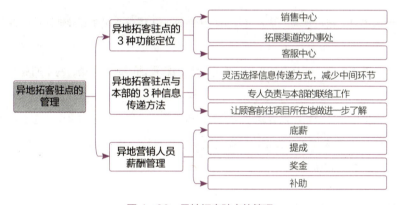

图 4-30 异地拓客驻点的管理

异地拓客驻点 3 种功能定位

房地产异地驻点主要有 3 种主要功能：销售性质展示中心、拓展渠道办事处和业主服务客服中心。所以，要确定是单一定位还是多种定位的综合体，这直接影响到后期工作的成果。

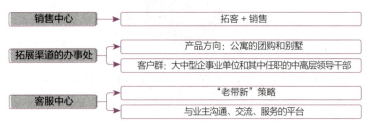

图 4- 31　异地拓客驻点的 3 种功能定位

功能 1. 销售性质的展示中心

这种形式建立相对容易，基本是将项目所在地的售楼中心照搬到异地即可，但有其特殊要点：

①展示中心选址。选择合适地点、合适面积的临街铺面或写字楼、写字间业态进行设点展示；

②宣传推广。异地拓客需要辅以相应的宣传推广——以招徕来访来电。通常形式无需如项目所在地般的大投入、大推广，而是要结合项目特点和驻点所在地的实际情况，进行细分客户的精确宣传推广。

功能 2. 拓展渠道办事处

这种定位拓客驻点销售产品主要方向是公寓团购和别墅，客户群多是大中型企事业单位和其中任职的中高层领导干部。

这种驻点人员配置以外出跑业务销售代表为主，加上少数留守接待的置业顾问；业务模式主要可参考一般销售公司的业务模式，福利待遇方面还需考虑相关市场开拓费用。

功能 3. 对业主服务的客服中心

此种驻点设立主要依靠在当地已建立的为数不少的业主资源，能够给当地的业主提供代办物业服务、项目最新动态的告知、开展业主聚会活动和执行公司"老带新"策略等，将驻点转变为业主能够互相沟通交流、信息分享的圈子平台。通过给业主提供服务，利用业主的良好口碑推荐到身边的圈子，软性地实现项目拓客目标。

异地驻点与本部信息传递的 3 种方法

异地驻点和本地项目分离，需要进行大量的信息传递。虽然电话和网络大大提高了信息传递的效率，但由于顾客、销售人员均和产品分离，信息沟通不畅，加之信息传递环节增加，往往带来信息传递失真的问题。

这个问题可以采用三种方法解决：

图 4-32　异地拓客驻点与本部的 3 种信息传递方法

▶ 方法 1. 灵活选择信息传递方式，减少中间环节

可以通过灵活利用电话、传真、网络等现代化通讯工具，提高信息传递速度。需要传达给一个人的信息，可以通过电话或网络；需要传达给多人的信息，避免采用电话然后转达的方式，可以通过传真、网络以文字的方式传阅，这样可以减少信息传递的中间环节，保证信息传递的准确性。

▶ 方法 2. 专人负责与本部的联络工作

异地驻点和本地项目存在距离差异，势必在项目动态、房源更新、销售确认和地接流程等方面存在一定的滞后。可根据项目的大小安排专人或兼任负责联络工作，以保证两地信息的同步一致性。

▶ 方法 3. 让顾客前往项目所在地做进一步了解

这个办法可以减少异地售楼处的信息负载量，只负责向客户传递一些粗略、基本、相对不变的产品信息，不负责对客户提供详细准确的信息，也就不需要经常和项目所在地保持经常的沟通和信息传递。就是说，异地售楼处只负责在异地对项目进行宣传和推广，对客户提供粗略的产品价格、大致户型和简单的产品介绍。客户如果有购买意愿，需要至项目本地售楼处进一步了解。

异地拓客团队架构设计

异地拓客团队实际上是隶属于公司功能配合型营销部门，团队一般规模小，功能相对单一，团队架构设计也宜简单。一般在各区域设置负责人，再下设各展点负责人及置业顾问。广告企划部门和市场调研部门可配合异地拓客团队的异地宣传推广工作。

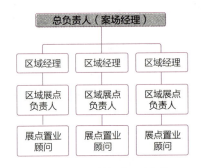

图4-33 异地拓客团队架构

异地营销团队的架构设计有以下特点：结构简单而易于管理；因由上一级部门（即功能型营销部门）直接管理，能够及时对变化频繁的市场做出有效反应。

异地销售人员薪资管理

由于异地项目销售不比当地项目销售顺畅，所以异地拓客人员的薪资结构应当更具有激励性。

一般的销售团队薪酬体系通常含三个部分：薪酬＝底薪＋提成＋奖金。异地营销人员的薪酬结构则在一般的薪酬体系的基础上增加各种补助，如差旅补助、交通补助或通讯补助等。

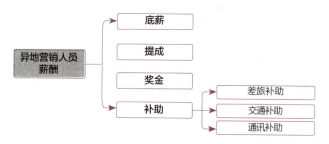

图 4-34 异地销售人员的薪资组成

1 异地销售人员底薪制定方法

底薪是一个人生活的基本保障,决定着一个人的安全感。底薪的高低一定程度上反映着一个人的基本价值。

销售员底薪管理有以下两点需要注意:

图 4-35 底薪管理的两个注意事项

(1) 参考拓客地区的平均工资水平

底薪一般不低于拓客地区的行业的平均水平,条件允许的情况下最好处于行业中上水平。这能更好地反映企业的实力和气量。比如合生创展、富力、恒大等大集团企业,销售人员的底薪都比较高。万科虽然没有自己的销售人员,但他们营销人员的薪酬水准在行业内较高。

当然,如果企业非常有名气,楼盘项目非常好卖,或企业福利制度比别的企业相比特别有竞争力,则可以考虑底薪稍微比行业平均水平低一点点。

(2) 底薪要体现层次差别

底薪高低一定程度上反映公司对员工工作能力和态度的肯定程度,可以根据销售人员入职时间长短、基本表现、过往业绩等指标做出少量差别。比如,高级销售代表的底薪一定比普通销售人员要高。高出的比例可以在20%~30%,以体现不同的身份与不同的价值。

2 异地销售人员的提成方法

房地产销售人员底薪通常只是其收入中较小的一部分,而提成则是其收益的较大部分。因此,提成方法更要灵活和富有弹性。异地销售人员提成的确定可参考 4 个技巧。

图 4-36 异地销售人员的提成方法

(1) 以销售总额为提成基数

许多房地产企业按照销售套数来提成。这种方式存在两个弊端:

①销售人员会首先卖总价低、好卖的单位,而总价高、总面积大、不太好卖的单位却没有人积极去卖,因为两套单位的提成是一样的;

②销售人员对折扣会毫不吝啬地给客户,对销售卖价不会尽量提高,因为卖高卖低对于他的提成也是一样的。

所以,异地销售人员提成,宜以销售金额为依据,乘以一定的提成比例,这样更可以激励销售人员卖大单位、卖高价格。

(2) 提成比例差别采取跳级制

所谓跳级制就是当销售人员完成的业绩在零到某个指标段时,按照某一个比例提成;当超过某一指标段时,再按照另一个更高的比例提成。

表 4-4 销售人员业绩提成比例

业绩(万元)	提成比例
0 ~ 500	0.1%
500 ~ 800	0.11%
800 ~ 1000	0.12%
1000 以上	0.13%

只有这样，销售人员才有向更高目标冲刺的欲望。房子卖得越多，所拿的提成就可能成比例增加。如：完成 500 万元销售额提成为 5000 元，完成超过 1200 万的销售额提成为 13000 元，销售额增加了 1 倍，但提成相应增加了 1.6 倍，这对销售人员的奖励刺激非常大。

（3）级别间距随销售额增高而减小

一般情况下，销售团队内的最低业绩指标应该是销售团队的平均水平，于正常情况下能达到的最稳定水平。而且业绩指标越往上设置，间距就要越小，这样才能刺激销售员继续攀登销售高峰。如果每一级间距一样，很容易让销售员失去继续攀登的欲望，因为指标越往高走，超越就变得越艰难。

（4）以岗位平均收入预期调整提成比例

确定销售点数需要计算。每个工作岗位都有一个大概的收入预期。如销售人员预期每个月要拿到 4000 元才比较满意，销售组长每个月要拿 5000 元才比较满意，减去企业提供的标准底薪，再估算出每个月销售人员正常能卖出多少金额的房子，很容易倒推出合适的提成点数。

如上述举例，销售员预期收入 4000 元，减去固定底薪 1000 元，提成 3000 元即可。如果一般销售员每月能完成 500 万的业绩，意味着 1‰ 的提成比例太高，可以考虑把提成比例调低为 0.6‰～0.8‰，达到或稍高于预期就可以了。

▶ 异地销售人员奖金发放技巧

奖金是额外的一种报酬形式。它不是固定的，具有临时性、灵活性的特点，主要起激励员工的作用。

奖金发放有以下 4 个技巧。

图 4-37　奖金发放的 4 个技巧

技巧 1. 奖金不能固定

任何东西一旦固定下来,就会让人有一种错觉:"这是我应该得到的",而且马上会失去激励的作用。所以,奖金是领导者管理的一种方法,是一种强化自己领导地位的手段。

某项目拓客团队管理

表 4-5 某项目拓客团队管理 5 个亮点

拓客亮点	实施要点
竞拍拓客	通过各拓展团队及负责人竞拍客户的方式确定其拓展区域
拓客分组	每 2~3 名置业顾问为一组,每组再带 3~4 名兼职辅助拓客
案场小组竞争	现场保持 2 名销售,每日拓客绩效排名第 1 的与案场销售换岗
案场组间竞争	以周为单位,每周拓客成绩排名第 1 的小组与案场销售小组换岗
动态数据管控	成立区域、项目、展厅三级数据管控管理组,形成日反馈、周评估、月奖惩的运营机制

技巧 2. 销售困难期提高奖金额度

一般情况下,可以没有奖金。当面对较大销售压力时,临时针对本次任务设立奖金项,会起到激励效果。当本次任务结束后,此奖金制度自然消失。如针对"五一"、"十一"黄金周等特殊时期,或针对销售淡季等萧条时期,都可以启用临时奖金制度。

技巧 3. 设置特别荣誉奖项

很多楼盘都会设置一些特别荣誉,如"服务之星"、"微笑之星"、"销售之星"、"最佳新人奖"、"最佳进步奖"、"开门红"等,这些都是从不同层面激励员工的一些荣誉。当然,还是要配合一定的奖金制度,金额可以设置不同。

技巧 4. 设置团队奖金

如果企业只奖励个人，员工就只会强调个人的业绩；如果奖励团队，员工就必然关注团队业绩。所以，销售部要有自己的部门小金库，专门用于团队建设，把每一次团队奖励的资金都纳入小金库，多举行团队活动，如旅游、吃饭、唱歌、参观、烧烤、学习等活动。

广州某标杆地产公司的团队奖金模式

知名地产企业广州某集团，集团下属有物业管理公司、酒店、开发公司等。开发公司营销中心如果完成集团要求的目标，相关联的物业管理公司和酒店员工才能拿到奖金；如果营销中心没有达到目标，物业管理公司和酒店员工也没有奖金可拿。这就要求所有与销售相关联的部门都一起努力，共同把楼盘形象做好。

4 异地销售人员的补助确定

因异地工作人员在异地工作所产生的额外的生活成本，适当的补助能提高员工到异地工作的积极性。

异地驻点销售人员的补助一般包括住宿、生活、交通、通讯、私车公用补助等。

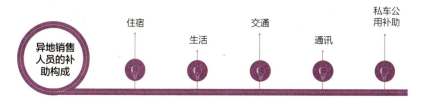

图 4-38 异地销售人员的补助构成

住宿补助分为租房与酒店住宿。租房补助根据派驻人员所在的城市综合消费水平确定，报销范围包含房租、水电暖、物业费等，发放方式是直接打入工资卡中，与工资一起发放。酒店住宿根据公司规定的标准范围，以发票报销方式发放。若公司在异地有安排住宿，则没有住宿补助。

生活补助按照城市能级的不同，补助标准也不一样。派驻时间短的，一般按天算，100元/天的标准，根据当地的实际情况再上下浮动；派驻时间较长的，一般按月算，1500～3000元/月，具体根据当地消费标准来定。

在异地的私车公用补贴，包括车损补贴、油耗补贴、各项杂费补贴、驾车补贴等。

第五章 FIVE

房地产客户关系管理

  客户关系管理是企业提高核心竞争力,达到竞争制胜、快速成长的基本而重要的手段,是企业树立以提高客户满意度为中心的发展战略,并在此基础上开展的包括判断、选择、争取、发展和保持客户所需实施的全部商业过程。

  房地产作为特殊的商品,其客户关系管理更为复杂,过程也更为冗长,甚至在地域上更为分散。所以,房地产客户关系管理要实现全方位执行、项目全程贯彻,以及结合现代信息技术,实现客户关系管理的系统化、自动化。

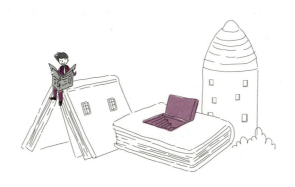

第一节 全方位执行房地产客户关系管理

企业与客户发生的关系，不仅包括在单纯销售过程中所发生的业务关系，还包括在企业营销及售后服务过程中发生的各种关系。因此，要全方位执行房地产客户关系管理，至少要处理好三件事情：

①明确房地产客户关系管理的七类（甚至更多）对象，分别采用针对性管理手段；

②建立利于维护客户关系的内部组织管理体系；

③对客户实施组织化管理，例如，通过建立"客户会"的形式来实现。

广义的房地产客户关系管理对象

人是所有关系营销思想的核心。从宽泛的角度来讲，房地产企业面对的客户比销售过程中面对的目标顾客范围要大，主要包括以下 7 大对象：员工、政府、顾客、供应商、分销商、房地产同行和媒体等。

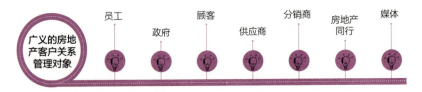

图 5-1 广义的房地产客户关系管理对象

对象 1. 员工关系管理

把企业内部的广大员工视为客户，通过一系列内部营销活动满足广大员工的需要和愿望，才能吸引并留住优秀的员工，才能让员工为企业带来丰富的利润。员工管理主要有以下 5 个技巧。

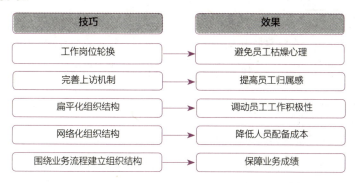

图 5-2　员工关系管理的 5 个技巧

技巧 1. 工作岗位轮换避免员工枯燥心理

工作轮换是让员工在能力要求相似的工作之间不断调换，以减少工作的枯燥单调感。如房地产开发公司的工程施工管理人员可以不定期地与工程造价管理岗位、销售岗位实行轮换，既可以拓宽员工的业务技术领域，又可以增加员工在工作上的相互理解和支持，提高工作满意度。

图 5-3　工作岗位轮换举例

技巧 2. 完善上访机制提高员工归属感

企业的上访机制本质上是建立由下而上的沟通关系和渠道。建立完善的上访机制，开通多个意见通道，积极鼓励员工对项目建设提出意见，并且对优秀的建议予以采纳，给予奖励。这样能够提高员工的工作积极性及对企业的归属感。

技巧3. 扁平化组织结构更能调动工作积极性

房地产企业已经开始密集地使用如信息技术、计算机和互联网技术等应用，这一方面减少了决策的传递速度，促成组织结构的扁平化。扁平化组织结构的优点是减少管理层次、压缩职能机构，是一种紧凑型组织结构。扁平化组织结构中的人力资本被看成企业最重要资产，强调为员工提供人性化的工作环境，充分提高工作积极性，不断挖掘员工的创新潜力。

扁平化组织结构的主要特征如下：

①管理幅度加宽，缩短纵向传递路径，强调横向交流，降低企业内部信息交流成本；

②各部门之间地位平等，相互依赖，互相帮助，等级排列淡化；

③下级部门有更多自主权利，员工工作自主性和灵活性增强。

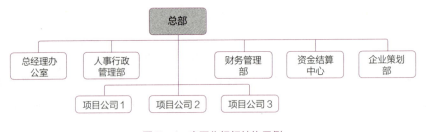

图5-4 扁平化组织结构示例

技巧4. 网络化组织结构降低人员配备成本

组织结构网络化是信息技术迅猛发展的结果。

其模式为：在房地产企业的网络化组织结构中，项目小组成员可从各部门抽调人员组成临时团队；某项工作完成后，负责该项工作的人员可返回原部门，继续从事原工作或进入新的项目组。

网络化组织结构实质上是一种分权结构的组织模式，这种模式让员工参与企业管理过程，促进上下级信息的全方位沟通；最大限度减少人员配备，降低人员成本。

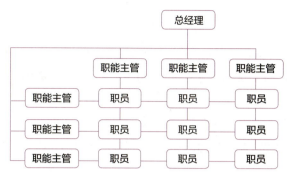

图 5-5　网络化组织结构示例

技巧 5.围绕业务流程建立组织结构

组织结构设计按照主导业务流程进行,使各环节变成上下游的关系,互为客户。这样的优点是下一道工序是上一道工序的客户,便于考核,便于检查。

例如,只有策划好,规划才能做好;设计得好,施工才能有优质保证;设计的楼房布局不合理,将来销售业绩就不突出。

对象 2.政府关系管理

房地产企业的营销重点已从消费者利益最大化逐步转移到整个社会利益的最大化。政府恰恰代表了社会公众的最大利益。

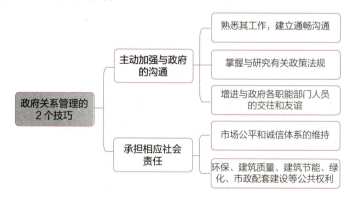

图 5-6　政府关系管理的 2 个技巧

技巧 1. 主动加强与政府的沟通

房地产企业应主动向政府提供其需要的各种信息，并自觉接受政府的指导和管理，恪守政府有关政策法规。当政府有关职能部门对本企业产生误解甚至发生工作偏差时，应主动澄清事实并提供证据，免除误会。

为加强与政府的沟通，房地产企业要做到：

①了解政府，主要了解政府职能部门的工作特点，熟悉其工作职能及程序，建立通畅正常的联系方式；

②要及时、全面、准确地掌握与研究政府所颁发的有关政策法规，注意按照其内容的变化相应地调整企业的营销策划和实施计划；

③增进与政府各职能部门人员的交往和友谊，如举行企业重大活动可邀请政府各职能部门人员参加，使企业和政府的关系更加融洽。

技巧 2. 承担相应社会责任

政府对房地产企业的影响在方方面面，主要包括市场公平和诚信体系维持、环保、建筑质量、建筑节能、绿化、市政配套建设等公共权利和利益的保护。在这些层面上，企业的利益要服从社会的整体利益。

为承担相应社会责任，房地产开发企业可以选择承担一些市政配套建设项目和文化体育设施，或是赞助一些公共利益的设施或项目。

某房地产开发商重建文化古迹获政府和市民支持

某房地产开发商在获得城市中心地皮的使用权的同时，承担在项目地重建被毁的文化古迹，增加城区的城市景观。通过这些措施，使得当地政府在项目运行期间一直给予大力的关注和支持，而开发商也通过文化古迹的重建，增加了楼盘的知名度和美誉度，在当地的房地产市场上取得良好的效果。

▶ 对象 3. 顾客关系管理

顾客关系管理，是客户关系管理中最核心的部分。顾客关系管理涉及方方面面内容，在此讲述主要的 3 个方面。

图 5-7 房地产顾客关系管理的 3 个要点

（1）房地产开发企业，应首先建立客户资料库，研究消费者的欲望和需求，努力了解消费者要满足其需要所愿付出的成本，要卖消费者想购买的房屋，思考如何方便消费者购买，以及多研究与消费者更有效的沟通。

（2）建立客户俱乐部（客户会）。将公司的服务个性化、私人化，增加顾客的社交利益，把顾客变成亲密的客户，通过定制化营销策略或提供特别服务来直接满足顾客需要，并建立顾客档案以保持长期的合作关系。

（3）构建合理的投诉机制。房地产领域易引起顾客不满意的地方有很多，如建筑质量是否优良、房屋面积的测定标准是否合理、交楼是否按时、物业管理水平怎样等。对此，房地产公司需要做到：

①搭建畅通的沟通平台，建立投诉机制，让顾客能随时以便利的途径表达不满；

②针对造成顾客不满意的原因，主动出击，为顾客排忧解难，并设法使他们获得真正的满意。

▶ 对象 4. 供应商关系管理

企业与供应商之间存在着共同利益。良好的供应商关系有助于企业摆脱原材料缺乏和价格不稳定的困境。频繁更换供应商会增加交易成本，影响所开发楼盘质量的稳定性，损害开发商自己的利益。

供应商所提供的生产要素质量、数量、价格等，直接影响到企业的生产经营情况；如果企业的供应商能长期享受公平待遇，则其更愿意为企业提供紧急服务。从长期角度考虑选择稳定的供应商，应该作为企业的一个长期战略。有的房地产公司更愿意选择项目所在地市场品牌形象优良的建筑商为长期合作施工单位。这是提升开发项目当地口碑之举措，甚至有的建筑商完全可以成为楼盘卖点。

⑤ 对象5. 分销商关系管理

产销分离是一种发达的商品流通形式。要想让分销商全面参与，实现较高的顾客满意度，必须加强沟通、增进了解、与合作方形成稳定的"共生系统"。

开发商与分销商关系管理主要有以下技巧：

图5-8　分销商关系管理的3个技巧

①可由一家员工素质好、业绩上档次、信誉过硬的代理商领衔，采取长期代理的方式；

②通过"提供业务"及"技术指导"的方式，联合多家各方面条件较好的中小代理商进行规模经营；

③建立"共生系统"，即各企业共享市场研究中心、营销策划中心、营销培训中心等，采取网络式经营提高楼盘销售率。

⑥ 对象6. 同行关系管理

在未来的房地产市场，"替代型"竞争转换为"互升式"竞争已经成为企业间的关联趋势。这能让房地产企业在一个较小风险、相对客户、渐进变化的环境中求得生存和发展。

房地产企业之间的合作可以实现三个价值：

①可以组成专业性强、跨地域的企业集团，充分发挥规模优势的作用；

②降低市场准入门槛，进入新的经营领域、新的市场；

③有助于多角化经营战略的实施，降低经营风险。

企业间的合作联盟形式日益增多，主要体现为：

①技术合作。包括共享研究企业、专利共享等；

②生产与后勤联盟。共同生产某种产品，联合提供后勤保障；

③行销与售后服务联盟。共同推销某种新产品，加盟连锁店，产品代理，联合组织售后服务；

④人事联盟。企业间，企业与科研单位、学校之间进行人才交流，互补余缺，资讯联盟，企业、行业协会之间在资讯方面互通有无，信息共享等。

图5-9　同行关系营销的4种形式

"万万合作"给双方带来的优势

2015年初，全球商业地产龙头万达和全球住宅地产龙头万科宣布建立战略合作关系。这是被称作"巨无霸"的两大房企的首次联合。

"万万合作"将给双方带来优势：

①提升二者拿地议价能力，品牌效应叠加将增加两"万"企业与地方政府谈判的筹码，尤其是对于三四线城市的地方政府；

②有利于尝试大体量区域开发模式；

③海外方面，二者则能够进行双方互补，取得更廉价、更好的地块。

对象7. 媒体关系管理

房地产企业同媒体的关系是双向和互动的。一方面，房地产企业的行为处于媒体的严密注视之下；另一方面，房地产企业通过媒体获取市场信息，了解公众心态和需求，宣传自己的形象。因此，房地产企业要协调与多种媒体的关系，建立足够的品牌知名度和美誉度，通过媒体把企业的精神特征、行为表现推向社会，努力使企业得到公众的认识、认可。

某地产企业的接受媒体采访指南

一、注意开门见山

回答问题一定注意开门见山,即先给出结论再作解释。因为采访者与媒体受众一样,会对开篇语记忆最牢,而不是经过长时间铺垫后才出现的结论。

二、注意保持正面回答

一般情况下,回答越直接、越简单明了越好。闪躲和消极的方式可能会伤害到采访者对你的信任。特别注意不得批评甚至诋毁竞争对手!

三、尽量避免过多使用专业术语和缩略语

防止混淆视听,以求最佳传播效果。

四、注意尽量引导采访者的思路

五、对采访者引证的高度警惕

对话中应特别注意采访者从别处引用的某些数据或结论,特别对于不熟悉或从未听说过的信息,一定明确向对方提出,防止被对方利用。

六、对于不知该如何回答的问题,须特别慎重

回答应仅限于业务范围内。此外,对于不清楚或有所含糊的问题,不可立即作答,应了解清楚后再作出回复或将问题转至集团品牌管理部。集团品牌管理部可视具体情况,另外安排合适的发言人解答这些问题。

七、对采访者保持不卑不亢的态度

不要与采访者过分亲近甚至随便开玩笑。措词、姿势和语气都应表现出充分的尊敬和平等感。同时,应清楚自己的权利,即可以拒绝回答某些非公问题,如年龄、收入等。如果在表达观点时一再被打断,可以礼貌地提醒对方回到正题并请听自己讲完。

八、用事实说话

统计数字和事实可以极大增强观点的可信度,但必须注意绝不能夸大事实和数字,引用事实则应说明出处。

九、注意必须说真话

对于所有问题,或者拒绝回答,否则必须保证传递的信息是真实的。

十、注意避免"私下透露"

发言人应对所表达的信息负责,即所有这些信息都有可能会被白纸黑字地刊登出来,所以永远不要有"私下里讲"的信息披露。

十一、要求记者在文章发表前将稿件传回公司确认

维护客户关系的内部组织结构

员工是企业有机体得以存在的基础,则内部组织管理是企业关系营销的基础。企业做好内部组织管理,内部客户(员工)才能全心全意为外部客户提供优质服务。这个内部组织管理结构的建立包括如下要点。

图 5- 10 利于维护客户关系的内部组织管理

▶ 要点 1. 建立三级客户服务体系

企业内部建立清晰的"集团—公司—项目"的三层客服结构及规范服务处理流程,是提升客户满意度的基础保障。

"集团—公司—项目"的三层客服结构,将集团客服定位为规则制定者和推进者,公司客服定位为规则执行者和资源的协调者;有效利用公司乃至物业的资源,将客服人员从繁杂的日常保修工作中独立出来,同时也确定了授权,明确分工,提高效率。

三级客服结构如下表。

表 5-1　三级客户服务体系

级别	岗位	职责
集团	呼叫中心	1. 登记接待记录 2. 处理咨询类的服务任务 3. 对完成的服务任务进行客户回访 4. 进行客户满意度专题电话调研
	客户经理	1. 进行投诉分析，跟踪升级任务的处理情况 2. 进行产品缺陷反馈 3. 进行客户满意度分析 4. 组织服务知识库（包括问题分类和问题处理指南）的沉淀和传递
公司	客户主管	1. 对超出保修授权金额的报修，进行任务分派 2. 进行索赔的处理和申请 3. 进行投诉分析，跟进升级任务的处理 4. 进行产品缺陷反馈 5. 对非保修类服务任务的协调处理 6. 对施工单位和保修尾款支付进行评估
	项目部工程师	1. 进行入伙期问题的验看确认 2. 进行入伙期问题的处理
项目	物业前台	登记本项目的接待信息
	物业主管	1. 对于保修授权金额内的报修，进行任务分派 2. 对于超出保修授权金额的报修，移交公司客户主管
	物业工程师	1. 上门进行问题的验看确认 2. 上门进行问题的处理

要点 2. 建立流畅高效的服务处理流程

房地产企业规范的服务处理流程包括"客户接待——现场验看——任务分派——任务处理——结单——回访"闭环流程。管理的核心是确定各节点的处理时限及升级机制，确保客户不会因为投诉处理过程太长而不满。

图 5-11　服务处理流程

要点 3 在岗位说明书中描述客户群体和特点

通常企业都会根据内部需求进行工作分析和撰写岗位说明书。如果企业能根据客户关系管理数据，在岗位说明书中增加主要面向的客户群体及特点，则更有助于员工明确自己的岗位职责和工作方向。

要点 4. 对员工交叉培训

企业内部的员工要进行交叉培训。因为只有销售代表知道建筑的基本知识，而建筑设计人员也理解基本销售流程，才能确保企业内部的每一个部门、每一个员工都能站在客户的角度思考本岗位上的问题。

案例

万科基于客户关系管理的人员资质模型

在万科，所有员工都要积极参与为客户服务。每一个员工都有义务接待客户，记录客户提出的问题，并负责处理客户关系中心安排的任务。从事万科客户关系工作要求具备以下资质，保证万科客服专业、热情、务实、亲切、不卑不亢的印象，以赢得客户的好感和尊重。

表 5-2 基于客户关系管理的人员资质模型

资质	内容
问题解决	①抓住客户投诉的重点，判断投诉问题的性质； ②对于客户投诉的任何问题，一律按流程进行操作； ③坚守法律底线； ④和其他部门进行内部沟通，使决定成为共识； ⑤整合外部资源（媒体、司法、消协、行业主管等），对客户施加影响，使其认同解决方案或答复； ⑥平衡公司利益（费用支出等导致的损失）和客户利益； ⑦在处理危机过程中，面对巨大的内外部压力（决策层反对、群诉、媒体压力等），能够坚持原则
敏锐判断	①当危机发生后，能够发现并迅速启动危机应对程序； ②快速反应，避免犹豫不决； ③快速权衡利弊并作出决定； ④在执行决策的过程，根据执行情况随时调整决策； ⑤时刻保持警惕，及时预报任何可能的危机隐患； ⑥在复杂、高风险的局面下，以避免严重后果为原则，快速决策，最大限度地保护公司长远利益

续表

资质	内容
人际理解	①注意别人的非言语信息，包括表情、肢体语言、穿着等； ②愿意倾听、理解他人的需求； ③换位思考，想象自己站在对方的位置上会有什么样的想法和做法； ④了解别人的个人特点和处境，从而体会别人可能有的行为和情感； ⑤在对方不信任自己的情况下，克服对立情绪或负面看法，站在对方立场上想问题； ⑥根据与对方的交往经验，判断他们的价值观、生活方式； ⑦通过互动，让客户站在我方立场理解我们的处境，以利沟通
热忱主动	①对于出现可能影响客户居住的情况，主动提醒客户注意防范（例如房屋的正确使用，灾害、停水停电等异常情况，保修期、优惠期等截止期限）； ②在客户没有提出问题的情况下，主动接触（沟通）客户（关心、了解客户的居住情况、生活状况、对万科的建议等）； ③总结客户反映的各类问题，并传递给专业部门，关注、跟进措施执行的过程； ④在非个案的问题上，充分考虑可能出现同样问题的客户，并主动解决； ⑤对已发现的危机隐患，克服内部阻力启动危机应对程序； ⑥把每次和客户的接触都看作建立伙伴关系的机会，想客户想不到的问题
印象管理	①积极应对客户提出的问题，给客户以热情主动的感觉； ②任何情况下，不对客户指责、谩骂或采用其他不礼貌的方式； ③通过各种方法拉近和客户的心理距离（讨论对方感兴趣的问题，主动表示关心等）； ④主动地向客户承诺（下一次联络的具体日期）； ⑤慎重地向客户承诺（明示非承诺内容）； ⑥信守对客户的任何承诺； ⑦以平等的姿态和客户对话，保持尊严，不刻意奉承、迁就客户；当客户提出过分要求时坚决拒绝，并耐心地向对方解释原因； ⑧通过聆听客户抱怨，引导客户释放自己的情绪； ⑨拒绝对方的过分要求时，能让对方换位思考；提高对方认识的境界，使其站在公允的立场上讨论问题； ⑩明确客户服务的关键时刻，并努力使客户在每次接触中产生良好体验
坚韧执着	①在确定目标的情况下，不断尝试各种方案以实现目标； ②在暂时无法取得成果的情况下，不轻易改变自己对既定目标的追求； ③不因为若干次失败而轻易怀疑自己的能力； ④在内部代表客户利益，与其他部门据理力争； ⑤面对敌意很强的客户，或谈判长时间陷入僵局时，永不放弃任何可能达成共识的机会
情绪管理	①面对客户保持谦和的态度； ②通过理性地分析问题（不把工作问题个人化）减少自己的负面情绪； ③不把个人生活中的负面情绪带到工作中； ④面对指责甚至谩骂时，能保持平稳的情绪和心态； ⑤在自己情绪状态不佳的情况下，能够寻找一些与工作无关的途径宣泄情绪； ⑥在长期承受巨大压力的情况下，发现生活乐趣、保持工作热情； ⑦在碰到特殊压力（如生命威胁）时，知道如何自我保护及保护同事
知识结构	①具备相关的设计、工程、营销、物业专业基础知识； ②房地产管理的基础知识； ③具备一定的法律常识，了解与房地产开发有关的法律法规，了解国家相关的验收规范； ④具备一定的社会学或心理学常识； ⑤客户服务基础知识

续表

资质	内容
必备技能	①客户服务技巧； ②礼仪； ③沟通； ④良好的心态； ⑤服务信息系统使用； ⑥计算机使用和办公软件应用
高级管理知识	①熟悉客户知识和使用； ②利用客户满意度数据，识别忠诚客户； ③为产品线提供客户需求

要点 5. 建立自己的物业管理公司

从目前大部分地产公司的情况来看，很多大型地产公司为了品牌的保值，往往会构建自有的物业管理公司，对自己的楼盘进行服务。甚至有些公司更激进，将物业从行政管理上划归当地公司分管，确保从组织上实现流畅的服务衔接。

客户组织化管理——客户会

企业客户会的形式多样，各具特色。根据客户会成员的性质，客户会可以被划分为两类一类是面向公众开发，即只要填写了基本信息和问卷之后就能成为客户会的成员，目前国内绝大多数客户会属于此类，包括万客会、中海会、万达会、置地会、复地会、绿城会等；第二类是客户会只向业主开放，像招商会、合生会等属于此类。

1 房地产客户会现存的 3 类问题

目前，国内绝大多数客户会建立时间不长，在客户会建设和运作方面欠缺理论指导和经验积累。因此，客户会建设水平参差不齐，还存在一些问题尚待改进。

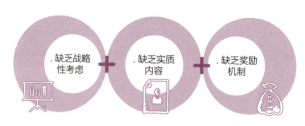

图 5-12　房地产客户会存在的 3 类问题

问题 1. 缺乏战略性考虑

大部分企业客户会建设基本随项目动工而开展。客户会开始阶段往往做大规模宣传和布置，但在为企业获得较大社会影响和丰厚收益后便失去后续安排。即客户会在完成营销阶段的任务之后流于形式，戛然而止。这是企业缺乏持续发展战略的表现。结果导致客户对企业不信感，会有力地分散掉企业新开发项目的销售客户。

问题 2. 缺乏实质内容

有的客户会只有建立机制、招募会员、发布销售消息等基本功能。客户会只起到介绍企业销售楼盘和方便潜在客户查询信息的作用，而其他如服务、便利、社区三方面的作用甚为薄弱。这一方面受限于开发商自身的经营管理能力，另一方面则体现出企业对客户会建设的重视程度。

问题 3. 缺乏奖励机制

客户会的重要目的在于希望会员能够与身边潜在客户相互沟通、传递信息，引发潜在客户购买物业。但在缺乏激励机制下仅凭客户自身原因介绍和传递信息有悖于目标。因此，建立有效的激励体制在客户会的发展历程中属当务之急。

▶ 房地产客户会的 5 个发展对策

客户会已经成为房地产网络营销的一种重要方式，未来企业的客户将会为企业扮演多重角色：为企业客户关系搭建资源平台、宣扬企业品牌形象、创立企业整合营销框架、为业主开展增值服务。

客户会在企业发展中作用重要，这更需要企业不断加强和创新客户会的建设和管理。

图 5-13　房地产客户会的 5 个发展对策

对策 1. 经常开展活动，保持会员参与度

客户会针对会员需求开展定期活动，并保证一定的参与度，让会员感觉到客户会的正常运作和精心准备，这是客户会赖以生存的前提。需要注意的是，企业对客户会的投入是一个长期的过程，维持好客户会正常运作是客户会发挥营销效益的重要前提。

对策 2. 目标客户细分，开展针对性活动

目前，部分房地产企业进入某地市场前往往是客户会先行，招收大量新生会员来获得潜在客户资料。这些资料的价值是为发展出企业新客户。

企业客户会模式已经成为企业"吸粉"的重要模式，这一模式在很多地产企业里收到良好效果，但客户会的管理问题依然存在：

①客户资料的分类还远未达到"细腻"的程度；
②利用目前存在的客户资源，进行的市场细分还没能给企业带来更大的效益和收获；
③分门别类的客户和细分市场开展针对性的活动还没有成为企业客户会发展的重心。

图 5-14　客户会的管理问题

美国 Pulte Homes 的客户细分法则

美国的 Pulte Homes 将潜在客户分成 11 类,包括首次置业者(年轻未婚比较多)、常年工作流动人士、单人工作丁克家庭、双人工作丁克家庭、有婴儿的夫妇、单亲家庭、成熟家庭、富足成熟家庭、空巢家庭、大龄单身贵族、活跃长者。企业针对每类客户进行针对性的培养和发展。

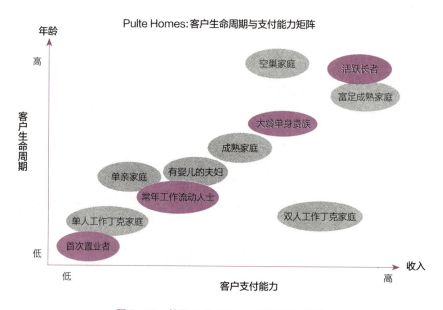

图 5-15 美国 Pulte Homes 客户细分法则

对策 3. 建立明确有效的奖励体系

让已有会员介绍、推荐企业产品,建构广泛的"人际销售网",是客户会发展的重要目标。奖励体系是客户会会员积极参加活动的有效保障之一。

目前,房地产企业对客户会会员的奖励形式包括:积分、优惠、折扣、免除物业管理费、赠送精美礼品、参加旅游(休闲)活动、享有购房优惠、年度表彰大会等。

图 5-16 客户会会员的奖励形式

万客会、坤和会、绿城会的积分奖励计划

万客会、坤和会、绿城会采用的积分奖励计划是一种良好的解决途径。积分奖励计划即会员在推荐亲友购买物业时享有推荐购房积分奖励。根据会员积分等级的不同,企业每年为会员提供旅游、现金或者物业管理费等奖励,定期回馈一次。

对策 4. 重视竞争前台,留住潜在客户

许多房地产企业的客户会会员中有很大比例的非业主会员存在。他们成为会员的目的是三个:

①希望获取企业产品的第一手楼盘信息资料;

②能在客户会中通过体验客户会活动,感受企业的文化和品质;

③长期观望企业新楼盘动态,准备成为企业业主。

这部分会员往往会同时也是其他地产企业客户会的会员,不经意间做的横向比较使会员对企业有了初步的第一印象。因此,客户会往往是企业竞争的前台,要争取潜在客户就必须使客户会的运营达到优秀的标准,形成自身的影响力,在企业产品竞争之前就因为客户会而拥有"先发优势"。

优势的塑造可以通过多方面的努力，如运营体系的构建、奖励体制的制定、企业文化的延伸等。

万科会员组织——万客会

国内首家以关系营销为目的的会员组织——深圳万科"万客会"初成立时（1998年）会员达3000人，并以每天10～20人的速度增加。这一措施使会员中90%最后发展成为了现实客户。

此后，万科建立起各地的"万客会"。这些"万客会"不仅给万科带来了可观的利润，也在市场和客户的心中竖起"信誉大旗"。"万客会"的会员大多是万科的忠实粉丝，他们是万科项目的二次、三次、甚至多次的购买者。

一、万客会管理模式

万客会由集团总部统一管理，各区域公司灵活开展活动。各区域组织的会员活动在公司规定的范围内灵活组织，活动具体情况及效果备案交集团存档。

二、会员分级制度

万客会会员分级制度将会员分为4个等级，从低到高依次为蓝卡会员、银卡会员、金卡会员以及铂金卡会员。

银卡、金卡、铂金卡会员可享有会员折扣优惠，会员折扣可与其他公开正常折扣一并享受。除特别说明的项目或情况（如团购）外，银卡会员可享有原销售定价0.5%优惠，金卡会员可享有1%优惠，铂金卡会员可享有2%优惠。

蓝卡会员在被银卡或以上会员推荐购房时，在购房手续顺利按要求完成后，将享受0.2%的优惠。

表5-3 万客会会员分级管理

会员等级	对象	权益有效期	营销目标
蓝卡会员	尚未购买或租赁万科开发物业的人士	权益有效期为两年，每两年更新一次会员信息，更新后可获续卡	扩大客户群，促进产品成交和去化速度
银卡会员	现租赁万科物业的人士或通过三级市场购买过至少一套万科物业的人士	权益有效期为两年，每两年更新一次会员信息，更新后可获续卡	

续表

会员等级	对象	权益有效期	营销目标
金卡会员	通过二级市场购买过至少一套万科物业的人士	购房成为会员的会籍终生有效；升级成为金卡的，权益有效期设两年	巩固现有客户群，改进服务和产品品质，扩大影响力
铂金卡会员	对万客会成长具有特殊贡献人士；金卡会员中上年度积分排名前5%的会员	权益有效期为两年，两年后按积分排序重新评定	

三、会员的 4 个核心权益

万客会会员有四项核心权益，包括：会员购房优惠、会员优先开放、会员优先获知购房信息和咨询、会员购房一系列 VIP 服务等。

图 5-17　万客会会员的 4 个核心权益

四、万客会常规活动

万客会开展的代表性活动包括：新老客户"欢笑分享积分计划"、"客户微笑年"、社区家庭运动会、社区文化节、欢乐旅游、亲子活动等。各城市的万客会还会组织本地客户开展各具特色的活动。

图 5-18　万客会活动

五、万客会微博微信营销

万客会借助微博微信等网络手段,拉近万客会与博友、微友的距离,提高万客会活动的知名度。

万客会微博微信营销的技巧有:

①结合当下热搜话题,例如利用当时热播的电视剧作为开头;

②发微博微信后@合作伙伴的官方微博,提高万客会的影响力和活动热度。

对策5. 商家联盟,编织优惠网络

客户会商业联盟即开发商在与房地产相关的约120个行业中,精选出每个行业的品牌商家数个,为业主编织一个多达数千家品牌的优惠网络,而业主只要出示会员卡便可享有名牌的折扣。

在这个功能下,客户会打造的其实是基于发展商、企业商家、业主三位一体的互动平台,既向业主和准业主提供更多实在具体的服务,又能突破小区物业管理局限、在整个社会层面展开的"大服务"营销概念。这种模式的实施让企业旗下项目获得了同区域楼盘所无法比拟的附加值,也为客户创造了新的价值,是客户与发展商双赢的一种财富升级。

招商会的商业联盟策略

招商会通过联络整合××区域内诸如绿草地高尔夫俱乐部、美伦会所、南海酒店、联合医院、体育中心等各类生活服务资源以及招商局集团麾下招商银行、平安保险等各类专业服务机构,为客户提供更优惠、更便利的全方位服务。

第二节

项目全程贯彻客户关系管理

客户关系管理会贯穿于企业的整个价值链中（策划设计、施工建设、宣传推广、销售、售后服务）的过程始终。

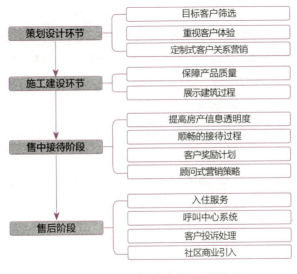

图 5-19　项目全程贯彻客户关系管理

策划设计环节的客户关系管理

房地产售后服务中，设计缺陷导致的报修最难整改处理。因此，开发商应花费更多时间在前期设计、施工和销售阶段，加强产品服务缺陷的预防管理工作。这些前期工作包括如下几个环节。

图 5-20 策划设计环节的客户关系管理

环节 1. 目标客户筛选

应按照公司所设计的通路原则，对客户进行策略性筛选。筛选前需要确认手机客户的如下信息：认知途径、所在区域、工作单位、客户年龄、需求面积、所需楼层。在深入一点的还可以从客户受教育程度、家庭月收入、购房用途、个人爱好和个人阅读爱好等方面分析，可以从较深层面对意向客户素质做出判断。

目标客户数量应由营销部门结合市场实际情况，遵循"公司利益最大化"原则，积极开发新客户。

为更好地筛选对客户，房地产开发企业应建立客户资料库，研究消费者的欲望和需求。

某企业筛选目标客户的方法

某企业曾经针对首次购房 5 年以上的会员，发送新项目信息。因为根据研究，购房 5 年以上的客户，开始逐步进入换房周期。这样的信息发出后，获得兴趣反馈的概率就大得多；同样的，针对高端楼盘，发送推介信息时，可以参考客户的行业、职位、历史购房类型、成交总价等因素进行综合筛选。

② 环节 2. 重视客户体验

房地产开发商如果能站在目标客户角度,在产品设计过程中精心研究小区环境和户型每一方寸空间的有效利用,并能在满足功能的基础上将建筑和园林艺术之美发挥到淋漓尽致,那客户一定不会对该公司做事的用心程度和专业素养无动于衷。"诚心,用心",是企业与客户交流的基础,也是企业赢得客户尊敬和忠诚的手段。

为保持产品价值链各环节客户接触点的服务标准和体验统一,产品无论在规划设计、生产建造、推广和使用过程中都能给客户带来一致体验,则房地产企业可以制定规范的产品服务缺陷预防管理流程,不断具体真切地改进客户体验。工作逻辑如下图。

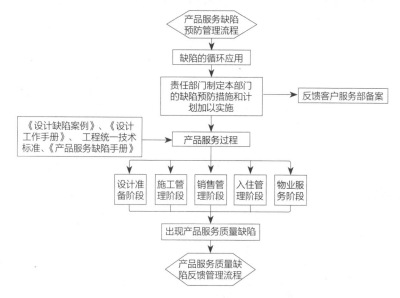

图 5-21 产品服务缺陷预防管理流程

③ 环节 3. 定制式客户关系营销

房地产商品特性决定了顾客的重复购买率极低,导致很难针对单个或少数顾客的需求定制产品和开展营销。但在当今的买方市场条件下,顾客消费行为正日趋成熟,房地产企业应该尽可能地在效果有效的前提下提高其定制化程度。

房地产产品的定制式服务包括三点:

①针对各类顾客群体设计多种不同户型；

②尽量减少使用隔断墙，给顾客预留更大的设计和改造空间；

③加强销售可选组件，花费更多的时间来引导客户根据需要在复杂的选项和升级过程中进行选择。

万通地产首开房地产定制服务

万通地产首开先河，在全国进行个性化网上定制。客户可以根据自己的需要选择土地，选择房子的风格，选择房型，选择户型，选择装修等，完全按照客户的需求提供服务。万通从而形成了自己独特的销售模式，有一批忠诚的客户群。老客户推荐的比例逐年提高。

施工建设环节的客户关系管理

房屋的质量问题、信息不透明问题，是房地产最多的投诉原因。而且这些在后期难以挽回。所以，这类问题应当在施工建设环节就解决好。

图5-22 施工建设环节的客户关系管理

▶1 用客户导向保障产品质量

转变"产品导向"的传统思维，树立"客户导向"的新标杆。这意味着质量标准不再由生产者说了算，而是由客户来决定。

质量问题是客户投诉最多的问题。企业内所有部门都应关心质量问题。

第二节 | 项目全程贯彻客户关系管理

某企业对每一块石头的要求

某项目小区内每一块石头的设置,每一步台阶的高度、位置,都充分考虑了客户的感受和需求。工程每完成一个阶段,他们老总都亲自来验收。他说,如果我们自己验收都不能满意,还何谈客户满意?他们小区中一些小径的边围是鹅卵石镶嵌的,他们连这样小地方的验收都不放松。验收的方式是在阳光明媚的日子,夕阳西下的时刻,对小路撒上水,看落日映照下小径的边围在水面上的投影是否柔和,线条是否流畅。

万科建筑质量全程式"四化"管理

万科的"四化"管理是针对建筑施工全程管理的一套规范与管理体系,是万科在积累多年的实践经验后,对工程结构、砌筑、装饰等施工各阶段过程建立的,适合管理建筑施工这种动态的工作。

万科"四化"的要求是:图纸标准化、生产工厂化、管理可视化、现场整洁化。

推进和保证工程全过程"四化"管理,万科采取以下具体的管理措施。

表5-4 万科工程全过程"四化"管理

阶段	工作内容
前期准备	①成立"四化"推进小组; ②定期召开策划会议
土建	①完善组织结构,完善施工组织设计; ②图纸深化(模板图、测量放线图、砌筑图、水电定位图、预留预埋图); ③令材料集中加工(钢筋、砂浆、模板、砌块); ④全过程记录(测量放线记录、实测实量、贴饼记录、收边收口放线记录、水电定位记录); ⑤成品保护
精装修	①土建全过程记录移交; ②图纸深化; ③集中加工; ④全过程记录; ⑤成品保护

219

❷ 向客户展示建筑过程

购买者不知道建造一个房子到底是 60 天还是 180 天。如果企业不向业主展示建筑进度,客户就会自己主观制定预期并可能产生对项目的不理解、不信任情绪。所以,企业在施工过程应当给予一定的公开来保持客户对建造过程的知情。

某地产公司制作施工过程相册

有的地产公司制作了建筑施工过程不同时期的照片,呈现给购买者一个围绕不同时间的照片相册。

售中接待阶段的客户关系管理

通过销售人员的不懈努力,将来访客户转化为意向客户,意向客户转化为成交客户,是实现地产企业利润的直接途径。

售中接待工作内容具体包括:售楼现场包装、推盘方式、资料准备以及向客户提供工程、购买、装修、财务等方面的咨询服务等。必须注意,售中服务提供的是一对一的服务模式,必须由训练有素的高素质人员来完成。

图 5-23 售中接待工作内容

这个阶段的客户关系管理有以下具体的管理策略。

图 5-24　售中接待阶段的客户关系管理

房地产企业与顾客的 5 种关系水平

在房地产市场营销中，房地产企业与顾客存在 5 种关系水平。

表 5-5　销售员与客户的 5 种关系水平

类型	内容
基本型	销售人员向顾客推销楼盘
反应型	销售人员负责楼盘的销售，并鼓励顾客有问题或建议时给企业打电话
主动型	销售人员售出楼盘后主动打电话给顾客，问是否满意，存在什么问题
能动型	销售人员与顾客保持长期联系，给顾客提供建造新楼盘的信息
伙伴型	房地产企业与顾客共同努力，帮助顾客更好地购买以及售后服务，双方共同寻找合作机会

▶ 策略 1. 提高房产信息透明度

在销售阶段，如何做到信息透明，减少客户顾虑，增强客户信心最关键。很多时候，客户如果在前期被"忽悠"，即使购买了房产，后期也是抱怨连连，影响企业口碑品牌。通过培训和指导，帮助客户充分了解房产的功能、特点，使客户在对房产了解的基础上对房产乃至对这个公司产生认同，购买行为就自然而然地发生了。

目前，在销售阶段客户体验较好的公司，基本上都采取了以下三类做法：

①教客户如何看房、选房，如何发现房产的价值；

②公示项目不利因素，即使是红线外不受发展商控制的因素，也要在房产定价上体现；

③尽可能公开项目的各类信息，并加以解释，例如合同条款等。

以上做法的好处在于：

①教客户如何看房其实是提升客户的专业度；

②减少与客户在专业上的差异，变相实现了信息的对等；

③公示不利因素是自揭缺陷，看似影响销售达成，其实是塑造诚信的形象，减少后期客户利益受损后的投诉可能；

④公示信息也是做好信息透明的重要举措，这一点政府监管也正在不断提出较高的要求。

表5-6 红线内不利因素

不利后果	不利因素
噪声投诉	小区内市政规划路、地面集中停车场（包括机动车和非机动车）、运动游戏场所、水泵房、变频水泵、变电室、配电房、地下停车库入口、中央空调冷凝塔、通风机及产生噪声的通风口、有较大噪声的电梯、学校、幼儿园等
异味投诉	垃圾中转站、公厕等
电磁辐射投诉	变电室、配电房、通讯发射（接收）装置、高压线路、微波信道等；可能引发环境秩序方面投诉的：集中餐饮等商业配套、社康中心
其他投诉	居委会（社区工作站）、物业服务处、警务室等办公场所；煤气站、供暖站等设备用房、后续持续开发施工引发的噪音等

表5-7 红线外不利因素公示的标准

项目	标准
标题	是否正确
公示的位置	是否醒目
公示的表述	是否恰当
公示内容	是否公示可能产生噪音的因素：机场、铁路、公路、立交桥、工厂、集市、学校、车站、货场等
	是否公示可能产生的异味的因素：垃圾场、污水河/塘、屠宰场、皮革厂、养禽畜场、动物园等
	是否公示可能污染环境的因素：造纸厂、化工厂、橡胶厂、废品厂、产生灰尘的场所等
	是否公示周边存在的宗教场所，庙宇、教堂、清真寺等
	是否公示普通公众所禁忌的因素：殡仪馆、火葬场、公墓、监狱或者看守所、刑场、核电站、油气库、危险品仓库等
	是否公示可能有辐射的因素：高压线路、微波信道、无线通讯基站等
	对存在环境变迁可能的因素是否特别提示：规划中的公路、铁路、高架桥建设，现状绿地、景观、水面、树林等发生变化
	现场公示是否有拍照或者摄像存档
	与价格有关的特定因素：是否提示已在价格中作出相应考虑
	评价不利因素的影响或变化趋势时，是否有仅仅告知信息，不提供保证的提示
	公示的重大的显性不利因素及与价格有关的特定因素：是否列入买卖合同附件中等

第二节 | 项目全程贯彻客户关系管理

万科为客户提供《装修房客户验房指引表》

2013年起，万科向客户提交《装修房客户验房指引表》，让普通客户也能对交付房屋进行质量实施综合评估，杜绝项目的带病交付。

策略 2. 顺畅的接待过程

房地产项目销售对客户的接待过程要顺畅。相邻的触点与触点之间的衔接要连续，人员和责任要明确，更重要的是要让客户准确知道每一个步骤由谁在负责、向谁询问。

策略 3. 采取顾问式营销方式

房地产销售中的顾问式营销策略，是指销售人员由推销员转化为置业顾问，向消费者传授房地产产品交易、工程、建筑、投资、理财有关知识，提供置业建议，可以降低客户的交易成本，从而提高客户关系营销的总体客户让渡价值。本质是企业对购买房产的销售者做一次专业知识的输出和培训。

链接：

房地产客户在购买房产时花费的成本包括：调查楼盘所需的时间成本、现实支出成本、决策时承受的心理成本和决策成本。这些成本形成了客户与企业构建关系时的专有投资。若关系能够得以发展延续，客户会对企业逐步熟悉、信任、满意直至忠诚，从而成为企业的老客户。由此，不仅会节省大量购买成本，还会由于对企业产品的满意，产生愉悦的心理体验，增加效用。

房地产企业在吸引新客户之时的营销成本包括：客户调查成本、宣传产品的广告成本、促销成本与服务成本等。

策略 4. 制定合理的客户奖励计划

客户产生推荐行为，有两类原因：一是内因，即客户对产品和服务表示满意，从内心深处有将好产品与朋友分享的愿望；二是外因，即物质激励。

现代人工作繁忙，节奏快，时间紧张，需要物质激励作为提醒。作为营销人员，要注意激励计划的有效性、及时性和对激励度的把握，并经常根据客户的偏好对激励物和激励方式进行灵活变换，吸引更多客户层面的兴趣。

对产品和服务表示满意的客户并不一定会产生推荐行为，客户奖励计划也只是在一定程度上使客户产生了兴趣。真正要促使客户产生忠诚行为（如客户推荐）还得靠销售人员日常工作中灵活而有技巧的频繁沟通。

售后客户关系管理

良好的售后服务有助于创造出房地产品牌效应，从而促进房地产商品销售。房地产售后服务主要包括：入住服务、呼叫中心服务、社区商业和投诉处理等，以提供居民各种生活便利和社区文化。

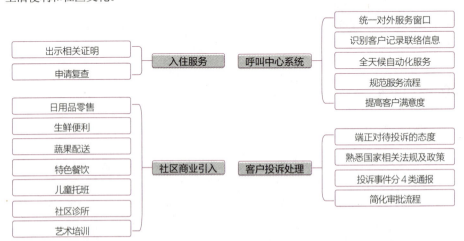

图 5-25　售后客户关系管理

策略 1. 细致的入住服务

购买房产的购房者非常关心以下两类问题：

①楼房交付使用的各类事项（签订合同、办理入伙手续、银行按揭、公证、产权证等），房屋维修期内可能发生的维修、更换和升级服务；

②房屋面积问题。在这个问题上主要是消费者担心既定面积缩水或扩大，影响自己的使用或经济利益。所以，在入住期间，纠纷大多因面积而起。

一般对以上疑虑可以采用以下两种处理方式：

①如有业主对面积产生怀疑，则告之业主实情，因为测量过程漫长、计算复杂，业主参与测量的可能性不大，可出示相关证明；

②如购房人确实有证据证明户内面积小，可向房地产产权主管部门申请复查，要求专业技术监管部门介入。比如，请原测量单位复测，还可向上级测绘主管部门申请复查。在此过程中，开发商应主动承担起牵头引线的作用，而不应该站在购房者的对立面。如果真出现误差，则应深究原因，予以迅速解决。

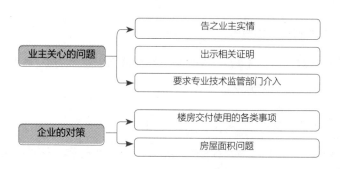

图 5-26 入住服务的常见问题及对策

策略 2. 高效呼叫中心系统

房地产公司为更好地维护客户关系，可以建立呼叫中心。客户利用电话、传真等拨打统一的服务号码可进入呼叫中心。通过人工受理、自动语音应答、自动传真应答等服务等方式全天 24 小时不间断地为客户提供各种服务。

呼叫系统对企业客户管理有如下好处。

图 5-27　呼叫中心系统的 5 个作用

作用 1. 统一对外服务窗口

客户只需记得开发商的统一热线电话号码,即能得到包括售楼咨询、手续查询、社区规章制度查询、报修、信息查询、会员服务、投诉等所有服务。

作用 2. 识别客户记录联络信息

系统可甄别客户电话,自动提示业务人员客户相关资料与联络资料,同时辅助业务人员记录客户需求与相关信息。

作用 3. 全天候自动化服务

真正实现 7×24 小时楼盘宣传,咨询与信息查询服务。在无人值守的情况下,客户可得到语音或传真方式进行的服务。

作用 4. 规范服务流程

所有业务代表可根据预设的流程与应答模板,根据界面提示,回答客户问题,规范了服务语言,统一形象与流程。

作用 5. 提高客户满意度

在系统的支持下,业务人员可高效、专业地服务客户,同时可根据客户信息与系统提示进行客户主动关怀,可大大提高客户满意度。

▶ 策略 3. 及时迅速地处理客户投诉

有高明的管理者提出这样一个公式:更好地处理抱怨 = 更好的顾客满意度 = 更高的品牌忠诚度 = 更好的业绩。足见客户投诉处理的对企业的重要性。

（1）投诉客户的 6 种类型

客户投诉处理首先要辨别投诉客户的类型，并明确投诉客户的需求，才能根据投诉客户的需求对客户投诉问题进行回复与解决。

表 5-8　投诉客户的 6 种类型

投诉类型	投诉原因	处理方法
求索型客户	产品质量方面有看法并提出投诉	尽力解决问题进行客户回访
抱怨型客户	对产品并没有什么实质性的意见，只是由于购物后的冲突心理	力求将企业的项目背景介绍得更加深透，消除抱怨型客户的游移心理，将其转变为企业忠诚客户
突发奇想型客户	经常突发不在企业服务范围内的新需求、新想法	在不影响企业正常运营工作的前提下满足他们的新想法，会极大地增强客户的自豪感与满意度，并大大加强客户忠诚度
盲目担心型客户	听到点对客户不利的消息就盲目担心	采取安抚措施，用良好的态度及充分的事实对客户进行安抚
渴望同情型客户	自身利益受到损害	采取得力的措施对客户损失进行弥补，并将客户的损失降到最低，并赠送一定的礼物对客户进行一定的心理安慰
无理取闹型客户	想从企业处得到本不该得到那部分赔偿的客户	对其讲明企业的原则和立场

（2）端正对待投诉的态度

要给业主留下负责任的企业形象很难，但要毁掉它，却很容易。所以，消费者遇到质量问题前来投诉，一定要把它当成宣传企业或项目的好机会，热情地接待、真诚地给予解决是首要的。就现有建设水平，有些质量问题是难免的。当投诉人看到你积极的态度时，也许能给予更多理解。如有的质量纠纷就由一句问候或一个真诚的解释给化解了。即使遇到个别态度偏激，似有意挑刺的住户，也应该心平气和，晓之以理，动之以情，努力解决问题，尽量化解矛盾。

（3）熟悉国家相关法规及政策规定

作为处理投诉者，无论是开发商还是其他责任主体，一定要确保自己的做法是合法的，符合规定的。如，法规规定建设工程在保修范围和保修期限内发生质量问题，开发商应当自接到通知之日起 3 日内到达现场查看，提出维修方案，经购房人同意后进行维修；对有安全隐患或者严重影响使用功能的质量缺陷，开发商接到保修通知后，应当立即到达现场抢修。

（4）投诉事件分 4 类通报

根据每一项投诉的复杂程度、严重程度和处理面临的难度，将其分为以下 4 种类型。

表 5-9　投诉事件分 4 类通报

类别	分类依据	通报方式
重大投诉	已经引发法律诉讼、已经被媒体（报刊、外部网站等）曝光的投诉；十人以上的集体投诉；投诉发生一个月后由于我方原因仍未能得到有效解决的投诉	即时通报各地分公司、集团客户协调中心，并在处理过程中至少每周通报一次；情况出现重要转变时，以快报方式通报各地分公司、集团客户协调中心。投诉处理完毕后，应该有详细的专题报告，报告内容应包括：①投诉发生、处理的始末情况描述；②时间发生、恶化的原因分析；③为预防投诉重演采取的应对措施
热点投诉	可能引发法律诉讼或被媒体曝光的投诉、一个月内累计三次以上不同投诉人的相同投诉或三人以上的集体投诉、投诉一周以后由于我方原因仍未解决的投诉	在一个工作日内通报公司、集团客户协调中心，通报内容应包括目前处理情况的简要描述，需各地分公司、集团客户协调中心予以协助的事项。投诉处理完毕后，应该有简要的专题报告，报告内容应包括投诉发生和处理的始末情况描述
重要投诉	处理完毕后发生二次投诉的，以及需要顾问支持和其他公司提供协助（包括经验支持）的投诉	在处理完毕后，应在半月报或月报中予以单独列项通报，通报内容包括处理过程的简要描述
一般投诉	其他投诉情况	不需要马上通报，在月报中由客户服务中心统一汇总向集团协调中心及各地分公司总经理层、总监层及部门第一负责人通报

注：以上通报均由客户服务中心负责报送给集团客户协调中心；对于物业管理方面的投诉，还须同时报送到物业管理部。

（5）简化批复投诉问题的审批流程

在这个过程中，需要特别注意的一点是，要简化审批的手续。现行许多审批过程冗长，经手人员多，这拉长了用户投诉时间，在一定程度上加剧了客户的不满心理。对此，应该梳理客户投诉审批的流程，通过授权的方式，删除和简化不必要的环节。例如，通过客服经理直接报批与客户谈判的相关事宜。

▶ 策略 4. 引入社区商业

社区商业主要是一种社区范围内的，以居民服务为对象的一种属地型商业。提供的服务主要是面向社区内的居民，包括零售、餐饮、美容美发、家政服务等诸多行业。国外的社区商业主要以购物中心的形式出现。我国的社区商业还处于起步阶段,社区商业主要以历史形成的沿街商铺为载体。

(1) 社区商业的布局策略

社区商业布局有两种——分散式和集中式。分散式商业往往是沿街线型展开,商业街主要分布在步行线和交通线上。它带来的问题很多,如人车混杂、交通拥堵、嘈杂扰民、乱停车、安全性差等。在国外,社区商业往往采用内街式集中商业布局。上海新天地成功借鉴集中式商业布局。这种商业布局与住宅相对分离,将所有的污染、噪音都集中在一起,公共设施也可集中使用和有利于管理,对居民正常生活干扰不大。

对于分期开发的大型楼盘,集中商业应该设置在项目那个区位?如果放置在项目的核心位置,有利于建成后居民商业活动的展开。但在初始阶段,内置的商业街往往人气不旺。而将商业街放置在边缘,又会影响后期居民购物的便利性。从服务范围说,最好是在居民步行不超过500米的距离内(实现在步行5～8分钟的半径范围内)。如果超过这个距离,人就会觉得比较远,走起来比较累。因此,对一些规模较大的社区,除集中商业(80%)外,还要在商业服务半径范围内,做一些分散式(20%)的辅助商业配置,如美容美发、便利店等,让居民可在集中商业区购物、消费的同时,还满足日常需要。

(2) 社区商业的业态配比及招商

社区商业的经营结构,一般按照购物40%、餐饮30%和其他服务30%的比例进行设置。不同社区可根据离商业中心、专业街及大型综合超市的远近、社区的空间形态、交通网络状况以及社区居民消费层次等因素有所差异。

为使商业街更具活力,招商原则应避免同业竞争,促成互补经营。当然,这样做需要考虑不同业态的商业特点,比如超市、胶卷冲洗店、音响、洗衣店无需重复,而美容美发、餐饮则可根据档次、特色为居民提供多种选择。但究竟需要多少家、何种档次,则由社区所处区位和社区档次决定。

万科社区商业产品之"万科 2049"

万科 2049 是新型精品社区商业产品,名称来源于"万科世博馆"。通过商业与物业的深度整合,旨在提供以家为中心的最后一公里社区生活完整解决方案。社区提供的商业服务内容包括生鲜便利、蔬果配送、特色餐饮、儿童托班、社区诊所、艺术培训、健身会所等,能满足小孩到老人的所有生活所需。

服务质量评测

房地产企业要建立服务质量评测系统,了解服务质量所带来的客户满意度,便于对客户服务、客户管理方法进行调整和更新。服务质量评测一般包括 5 大体系。

表 5-10 服务质量评测的 5 大体系

测评系统	评测内容
客户服务满意系统	是否将一部分客户升级为对企业更有利的客户级别; 是否能对不同客户进行准确的划分以便提供个性化的服务; 对不同级别的客户提供的服务是否能对他们产生激励; 是否能够产生人脉管理的效果——客户推荐购买比例; 客户的投诉率是否降低
客户增值服务系统	客户活动的参与比率是否提高; 服务年度目标是否实现,是否能按期履行计划的服务项目; 活动的有效性、新颖性、可持续举办性; 客户参与活动后的感受是否良好; 服务项目是否迎合客户的需求
客户投诉反馈系统	回复客户投诉的及时性; 客户投诉处理的及时性与处理程度; 客户服务人员对待客户投诉的态度; 客户投诉渠道是否明了、通畅; 为客户解决问题的程度
客户沟通服务系统	是否能为客户之间交流提供场所或平台; 客户沟通渠道运行是否高效; 客户服务人员是否能够与客户按时沟通; 沟通质量如何; 多大程度上增进客户对企业以及客户与客户之间的了解

续表

测评系统	评测内容
客户联盟商家系统	所选联盟商家的服务是否能够令客户满意； 所选联盟商家的商品是否能在同行业中占有一定的优势； 是否能得到高于一般客户的优惠折扣； 是否能够节约客户的时间成本与精力成本； 联盟商家所涉及的领域是否令客户满意

某房地产开发企业全程客户关系管理

表5-11 某房地产开发企业全流程客户关系管理关键点

房地产开发流程环节	客户关系管理关键点
规划设计	关键点1：室内噪声等物理污染 关键点2：室内化学物质污染 关键点3：室内生物污染 关键点4：户型结构 关键点5：设计变更问题
工程建设	关键点6：墙面裂缝与维修 关键点7：防水工程与维修 关键点8：门窗安装与维修 关键点9：水管爆裂与维修 关键点10：应急供电系统
销售管理	关键点11：项目手续问题 关键点12：销售承诺 关键点13：定金返还问题 关键点14：违约与欺诈判定问题 关键点15：补充协议问题 关键点16：产权证的办理
入住交付	关键点17：入住时间的确定 关键点18：入住接待 关键点19：业主验房 关键点20：入住收费 关键点21：保修期内的维修
物业服务	关键点22：装修管理 关键点23：物业管理收费 关键点24：小区安全问题 关键点25：物业日常维修 关键点26：社区文化活动

表5-12 某房地产公司全程客户关系管理要点

关键点	客户服务要点
关键点1： 室内噪声等 物理污染	1. 设计人员要根据客户的需求提出各种可能的降噪措施，尽量地减小噪声的影响。 2. 请物业公司和客户服务人员提前介入，介绍客户可能提出的各种要求。 3. 绝不将在设计和施工阶段没有解决好问题的房屋销售给客户，要让客户住上安全放心的房屋。 4. 对污染未超标但受影响的房屋，销售时一定要向客户交代清楚，并将双方谈妥的条件写进合同条款
关键点2： 室内化学 物质污染	1. 设计人员应该加强环保意识，增加环保知识，在进行设计的时候全面充分地考虑环保性要求。 2. 邀请环保、医疗专家会审图纸，并根据修订意见再讨论，并重新设计。 3. 对全体员工进行有关室内化学污染危害的教育。 4. 绝对不销售有化学污染的房屋给顾客，力求给顾客提供安全的房屋
关键点3： 室内生物污染	1. 设计人员增加人居知识和生活经验的积累。 2. 参照《健康住宅试行建筑技术要点》。 3. 邀请环保、医疗专家对图纸会审
关键点4： 户型结构	1. 设计人员要换位思考，时刻记住客户居住方便与需要。 2. 邀请客户代表参与设计，或公开征求客户意见，结合前期市场调查，充分考虑消费顾客群体的公共需求。 3. 请客户服务人员和物业公司代表参与细部设计。 4. 将以往失误的案例进行整理，形成教训案例库，避免重复发生已经出现的错误。 5. 严格设计审批程序。 6. 设计人员定期下工地，及时发现问题，纠正错误
关键点5： 设计变更问题	1. 已出售的房屋一定要及时送达设计、工程等部门。 2. 征求业主同意并签署相应的文件后才能对已出售房屋进行设计变更。 3. 认真了解客户需求，不能因变更带给客户其他的不方便
关键点6： 墙面裂缝与 维修	1. 相对施工企业，开发商更要接受"百年大计，质量第一"的教育，因为处理客户投诉的是开发商。 2. 建议施工企业、监理、开发商的工程人员和客户服务人员组成质量控制小组。 3. 应该在大面积抹灰前先做样板房，待样板房被审批之后方可进行大面积抹灰，防止出现重大事故。 4. 严格按照国家、省市等关于房屋质量控制的规范施工。 5. 分阶段多次验收
关键点7： 防水工程与 维修	1. 应选择有资质的专业防水施工队伍进行施工，并签订长期维护协议，促进施工队保质保量完成任务。 2. 做好节点设计。选择优质的防水材料。 3. 严格执行工程验收标准。在验收前，验收标准应保密。 4. 做好成品保护

第二节 | 项目全程贯彻客户关系管理

续表

关键点	客户服务要点
关键点 8： 门窗安装与维修	1. 应选择有资质的专业厂商和分包单位，并签订长期维护协议，促进施工队保质保量完成任务。 2. 应该由总包单位、分包单位、厂商共同制定施工方案，该方案需要全面考虑各方利益，力求实现责权分明。 3. 对材料质量进行严格控制，包括型材、配件、辅料的质量等。 4. 100%地做淋水实验。 5. 物业公司和客户服务人员参与验收
关键点 9： 水管爆裂与维修	1. 严格控制管材、阀门等材料的质量。 2. 严格验收隐蔽工程
关键点 10： 应急供电系统	1. 采用先进的应急供电系统，确保发电设备、电源的品质良好。 2. 交付使用前，进行测试。 3. 定期检查应急供电系统运转是否正常，以便更换设备和部件
关键点 11： 项目手续问题	1. 开发商要合法经营、诚信经营。 2. 备好有关项目合法性的文件（复印件）。 3. 让消费者具有知情权，应翔实地向顾客介绍上述审批程序的任何相关问题
关键点 12： 销售承诺	1. 建立及宣传诚信经营的企业理念。 2. 对销售承诺的内容进行统一规范管理，并通过严格审批保证企业能够按照要求完成承诺。 3. 建立客户代表的监督机构，并定期总结。 4. 加强对销售人员的培训力度，保证服务一致性
关键点 13： 定金返还问题	1. 聘请法律顾问参与制定有关销售的流程细则。 2. 对销售人员进行"换位思考"的培训。 3. 将开发商对收取定金的承诺及退还的定金的条件明文告示客户。 4. 简化退还定金的程序
关键点 14： 违约与欺诈判定问题	1. 对所有员工进行诚实守信经营的教育。 2. 对所有的承诺进行风险评估。 3. 应对风险较大的承诺提出附加条件，以此保证可以完全承担风险带来的责任。 4. 对由于不可控因素引起的承诺未兑现，应多方面积极争取证据，并将这些证据出具给客户
关键点 15： 补充协议问题	1. 补充协议的内容要有统一的规定，并耐心对客户解释。 2. 补充协议要征求法律顾问的意见。 3. 严格补充协议的审批程序。 4. 严肃开发商内部各部门之间的承诺。 5. 在不违反相关规定的前提下，补充协议要留有充分的余地
关键点 16： 产权证的办理	1. 对房产证的承诺要慎重做出，应对任何问题留有充分余地，以保证服务质量。 2. 房产证的相关工作要做在前面。 3. 定期向入住客户通报关于房产证的办理情况。 4. 对于有急需的客户采取特殊的方式解决客户的困难

续表

关键点	客户服务要点
关键点17: 入住时间的确定	1. 入住时间以交工后两至三个月为宜。 2. 交工后，由物业公司和客户服务部门指定验收标准，进行内部验收。 3. 发现质量问题后，由工程部监督施工企业维修。 4. 维修后再组织各部门进行内部交叉验收，确保交给住户的是质量过关的房屋
关键点18: 入住接待	1. 制定有关人员、场地、时间、资料、设备等的准备计划。 2. 制定以方便客户为核心的入住流程。 3. 按约定的入住时间倒排计划表。 4. 员工有关入住接待的培训。 5. 举行乔迁之喜的仪式。 6. 突发事件的处理方案
关键点19: 业主验收房屋	1. 坚持入住前的客户全部验收。 2. 综合统计常常出现质量问题的关键点，并据此设计业主验房项目单。 3. 责任工程师必须前往陪同客户验房，客户有任何疑问，都需要责任工程师做出相应的合理回答，如果不能解释的，必须立即整改，而客户不必收房。 4. 客户在验收合格声明上签字。 5. 指定维修方案（如需要）并征得客户同意
关键点20: 入住收费	1. 编制客户入住收费清单。 2. 编写各种收费的依据。 3. 讲1、2提前寄给客户。 4. 电话询问客户对收费有无疑议。 5. 提供快捷的收费服务。 6. 对缴费不齐的客户，谨慎办理入住
关键点21: 保修期内的维修	1. 由客户服务部门主管维修工作。 2. 在与施工企业签的保修合同中约定上述1。 3. 对维修的反应速度、服务态度和维修质量提出要求。 4. 培训施工企业维修队伍。 5. 组建后备维修队伍。 6. 严格维修方案的审批。 7. 同客户讨论维修方案并达成共识。 8. 以良好的服务态度和职业态度完成维修
关键点22: 装修管理	1. 坚持合理收费的原则。 2. 体现开发商的超值服务。 3. 严厉禁止破坏主体结构的装修和乱搭乱建。 4. 实行严格的装修时间规定。 5. 协助解决客户装修时遇到的问题
关键点23:物业管理收费	1. 开发商遗留的问题，一定要由开发商出面解决。 2. 物业公司要保持优质的物业服务水准。 3. 宣传物业管理费的构成与用途。 4. 公开物业管理每月的收支情况。 5. 耐心细致地做好欠缴客户的工作（含法律教育）。 6. 协助开发商解决遗留问题

续表

关键点	客户服务要点
关键点24： 小区安全问题	1. 对保安人员进行"警钟长鸣"的教育。 2. 维护各种安全设施正常运行。 3. 与当地公安部门和居委会密切合作。 4. 经常对业主进行安全防范的教育。 5. 积极配合执法部门侦破案件。 6. 安抚受害客户
关键点25： 物业日常维修	1. 严密的维修服务流程。 2. 维修信息系统的建立。 3. 优秀的专业技术。 4. 体现职业精神的服务态度
关键点26： 社区文化活动	1. 树立"做好老客户的工作与做好新客户的工作一样重要"的经营理念。 2. 每年应有慰问老客户的预算和计划。 3. 开发商的领导应参与这项活动

第三节 构建客户信息管理系统（CRM）

CRM 系统的好处在于既很好地概括了企业的客户管理思想，又借助技术管理了企业客户。它所借助的信息技术来管理的目标是：企业市场营销、销售管理、客户关怀、服务和支持等经营环节。CRM 系统还能实现信息有序、充分、及时地在企业内部和客户之间流动，实现客户资源的有效利用。

房地产 CRM 系统的模块设计

房地产 CRM 系统的基本特征是：可跟踪、可统计、可分析、可考核。系统能够对大量的、各种渠道录入的数据进行完整保存，并对各个数据之间的关系进行关联，使各种数据能够有序地进行统计和分析。

1 房地产 CRM 系统结构

房地产客户信息管理系统构建各个小的模块，能使整个系统更加详尽与系统。

通常情况下，房地产公司的客户信息管理系统主要有六大模块：系统界面、主界面、系统管理模块、客户信息管理模块、房屋信息管理模块以及销售信息管理模块。

第三节 | 构建客户信息管理系统（CRM）

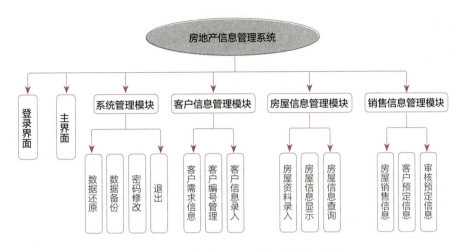

图 5-28　房地产 CRM 系统 6 个模块结构图

❷ CRM 系统各模块的管理作用

房地产 CRM 系统中每个模块都有其独特的管理作用。

表 5-13　房地产 CRM 系统 6 个模块的作用

模块	作用
登录界面	方便使用者进入整个系统的工作界面
主界面	让使用者根据自己需求完成下一步工作选择
系统管理模块	重要客户信息或销售信息备份； 密码修改等功能
客户信息管理模块	房地产企业对于客户信息的修改及添加，以便于不断完善客户的相关信息
房屋信息管理模块	介绍具体房屋信息，此界面使用者可根据自身需求进行相关房屋信息查询或房屋信息打印的操作
销售信息管理模块	根据客户预定信息实现信息查询、审查以及删除等操作

某地产企业 CRM 系统的模块结构及功能

某地产企业 CRM 系统的模块结构及功能。

图 5-29 某地产企业 CRM 系统的模块结构

模块 1. 销售 CRM 系统

基于创智 PowerCRM 房地产行业综合解决方案实现的租赁环节 CRM 建设，可以实现由潜在客户直至正式签约的业务及客户关系管理功能。

模块 2. 租赁业务系统

目前，该系统主要纪录成交客户信息和合同数据，没有潜在客户信息收集功能。企业 IT 信息部拥有全部开发源码，可以支持二次性开发。

模块 3. 会员管理信息系统

"××会"是由该房地产开发公司发起成立的面向区域内的业主和其他高尚人士生活的服务组织。××会，通过内联项目区域内的各种生活、娱乐、教育、旅游等资源，外联其他俱乐部、会所等组织，为本会会员提供消费优惠、文化沙龙、旅游健身、置业咨询等全方位的服务。该系统主要依托网上平台，开展××会会员的信息管理、维护、发展和加盟商管理等业务。

模块 4. 客户呼叫系统

主要负责客户投诉和客户咨询。业务全部基于手工操作，现设有 3~4 部直拨电话。目前，该手段缺乏必要的客户数据支持能力，同时对客户投诉反馈较慢。

模块 5. 物业信息管理系统

主要负责物业相关的物业售后服务、开发商投诉受理等业务。目前，该系统与该地产公司各系统相对独立。

模块 6. 其他信息管理系统

主要包括楼盘信息、广告策划、广告发布等信息系统，但均为独立系统。

构建房地产 CRM 系统的 4 个步骤

房地产企业的 CRM 系统能实现企业客户信息的有效整合，确保信息准确的同时，在很大程度上还减轻了工作人员的工作量，提高了工作效率。

建立 CRM 系统的基础是建立客户数据库，只有拥有足够庞大、细致的客户数据，CRM 系统的运行才有意义。

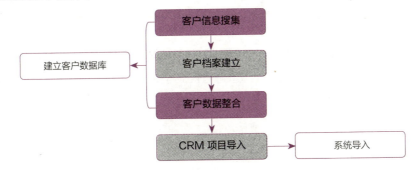

图 5-30　构建房地产 CRM 系统的 4 个步骤

▶ 步骤 1. 客户信息搜集

完整的客户档案或数据库就是一个企业颇具价值的资产。企业可利用多种渠道搜集以下 3 类内容信息：不同类别客户的资料、终端客户消费偏好、企业与中间商历史交易资料，并依据市场变化灵活经营企业。

搜集客户信息的方式有两种：

①主动调查，即采取集中式调查、头脑风暴法以及启发式方法等对客户、雇员及专家进行调查；

②在接待客户的过程中留下客户信息。

如何让客户放下戒备的心理，在不反感、不抵触的情况下存留信息就成了一个挑战。以下是让客户留下信息的 3 个方法。

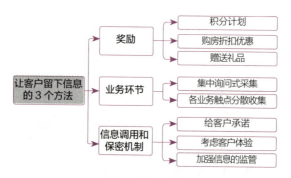

图 5-31 让客户留下信息的 3 个方法

方法 1. 提供积分计划、购房优惠、赠送礼品等奖励

销售现场到访客户的质量较高,是企业最应该记录的客户信息。为确保到访客户信息记录工作的全面、高效,一方面企业需要通过内部考核,对销售人员制定绩效目标,规范接待量与沉积有效客户的比例;另一方面通过积分计划、购房折扣优惠、赠送礼品等奖励,吸引客户存留资料。

万科、金地吸引客户留存信息的方法

例如,万科就规定,在现场入会存留信息,未来购房可直接获得千分之二的购房折扣。实际上根据测算,千分之二的购房折扣根本不会影响销售业绩的达成,而且确实有力促进了价值客户的信息收集,为后续客户营销带来坚实的基础。类似的做法还有金地的入会送礼品,现场消费卡等。

方法 2. 精心设计业务环节,客户信息采集分散到各业务触点

客户信息的搜集要集中和分散并行:
①客户信息的集中询问式采集通过现场到访问卷、成交客户问卷进行;
②其余的信息则通过触点的其他环节进行,例如客户交易信息、投诉的处理记录、活动的参与记录、物业对家庭情况的统计、二手交易的记录等。

方法 3. 承诺并贯彻严格的信息调用体系和保密机制

这个承诺和保密机制建立的过程分三个步骤：

①对客户承诺调用其信息的前提和保密原则；

②在日常操作中充分考虑客户体验，例如群发短信的目标要经过筛选，避免非目标客户收到短信，给客户自主选择是否接受信息的权利；

③在内部加强信息的监管，例如通过授权机制避免客户信息的整体访问和导出，批量使用客户信息需要内部审批等。

步骤 2. 客户档案建立

客户管理必须建立动态的客户管理系统。该系统不仅包括已有客户和当前客户的档案，还要挖掘潜在客户的档案资料，包括客户基础资料、客户资信资料和客户销售资料的建档。建立起强大的客户网络，获得更多的推荐业务，使业绩得以质的飞跃。

地产企业的客户可按客户类型分类建档。

表 5- 14　客户分类建档

客户类型	搜集资料
下游顾客	个人用户的资料、购买周期及消费偏好等
上游客户	企业信誉、产品信息、经销范围、经销商、与本企业合作历史及经销商拥有的终端客户数量等
公关客户	部门性质、公关范围、沟通渠道、联系人等
竞争者中潜在战略合作客户	公司业绩、社会影响力、股权结构和消费群体等

步骤 3. 客户数据整合

数据库建立以后，接下来的工作是整理，分类归纳收集来的数据，并细分其细分市场特征，对每一类别客户分别建立客户价值模型，以发现关键价值驱动因素，从而掌握客户需求信息，以决定企业可以在哪方面加以改变。

还可根据客户需求进一步预测出市场需求，分析客户流失原因，进行产品设计，制定营销策略，评估风险等，为企业提供客户需求、市场分析、产品认知度等重要信息，为企业管理者提供决策依据。

步骤 4. CRM 项目导入

CRM 系统的另一个重要组成部分是信息化系统导入。

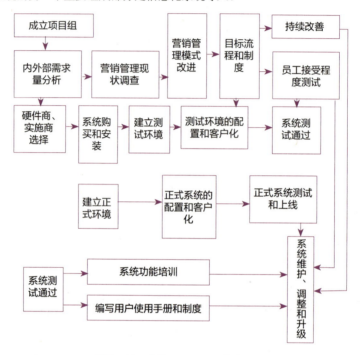

图 5-32 实施 CRM 项目的流程图

某地产企业导入 CRM 项目的执行方案

某地产企业规划导入 CRM 系统,该系统的建设须采用目前国际上先进成熟客户关系管理应用软件系统、计算机平台、网络和成熟的 Internet 应用系统。具体规划如下。

阶段 1. 项目批准后一年内

在项目批准后一年内,该企业规划实现以下目标:

①实现在"以客户为中心"基础上的客户销售信息的统一收集、规划、管理、处理、分析;

②建立 CRM 销售自动化应用平台，完成所有销售机会的完整周期管理和控制；

③同时进行参与客户关系管理的员工的培训。

阶段 2. 项目批准后一年半以内

在第一阶段的基础上，为公司建立市场自动化和服务自动化，为公司建立完善的运营性 CRM 系统。

阶段 3. 贯穿于所有的运营阶段

建立协作性 CRM，完善和畅通公司与客户交互的渠道，将电子商务平台、电话中心、Email 中心、FAX 及各个售房点等渠道有效地集成起来，使各种渠道融会贯通，以保证地产公司和企业客户都能得到完整、准确和一致的信息。

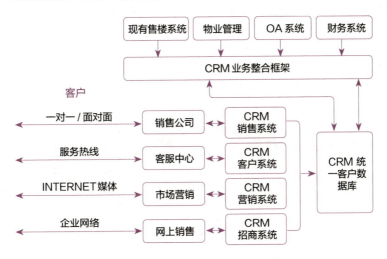

图 5-33　CRM 房地产解决方案框架

房地产 CRM 系统的 4 大功能分析

CRM 是现代管理科学和现代计算机技术相结合的一种成功的经营管理模式，是为企业最终完成运营目的所创造并使用、由计算机软件集成系统来辅助实现的现代企业经营管理模式的解决方案的总和。

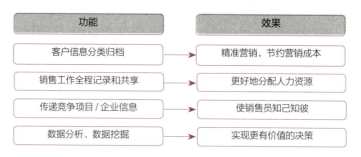

图 5-34 房地产 CRM 系统的 4 大功能

功能 1. 客户信息分类归档

CRM 系统能够对所搜集的客户信息进行分类。这有助于企业掌握各类顾客的个性特点和需求动态,有针对性地设计改善产品和提供服务,从而实现长期合作,提高企业经济效益。一般房地产客户的分类应至少包括如下类别。

表 5-15 房地产客户信息类别

类别	内容
客户基本数据	姓名,性别,联系方式,家庭成员,个人爱好,工作状况等;客户经济状况(收入,存款,汽车持有状态,住宅拥有状态),工作等级,行业性质
客户当前消费状况	是否购买,购买意向,小区名称,房屋号
客户需求列表	问题类型:投诉、建议还是需求。问题描述:提出时间,接待人。答复情况:答复时间,答复人,回访满意度,问题普遍性
客户来源信息	来源分类:报纸,电视,朋友推荐,网络,街头宣传牌等。如推荐者为其他客户,则进行数据关联。具体来源:哪一期哪一版的报纸,什么时间,什么频道的电视广告
客户个性化倾向信息	购房意向:投资还是自住。主要关心问题:环境,价格,地段,楼层,朝向,装修,车位,周边配套设施,会所,未来规划,工程质量。关心程度:必须满足,建议满足,随便打听

功能 2. 销售工作全程记录和共享

CRM 能够实现对销售工作全程记录,包括销售人员的基本状况,销售人员与客户的接触资料(接触时间、地点、交流议题类型、所进行的承诺)。

对进行跨区域经营的地产企业来说,这一功能不但能实现异地客户资源共享,还能更好地分配各区域的人力资源,能实现项目的高效运营。

功能 3. 传递竞争项目 / 企业信息

CRM 系统除了能对本公司楼盘、物业进行管理维护外,还能够对竞争对手的楼盘进行录入、维护和比较分析,并将分析结果通过培训方式传达给销售,促使销售人员在销售过程中做到"知己知彼,扬长避短"。

功能 4. 数据挖掘,实现更有价值的决策

虽然数据统计能够对现有客户的数据记录和销售记录进行宏观统计,并能协助决策人形成或改变决策,但是这还不是对数据的最大利用。CRM 系统依托计算机技术,建立相关数学模型,从而从大量宏观数据中挖掘出明确的、有价值的决策 / 预见信息。以下是 CRM 系统在数据分析、数据挖掘方面的 7 个应用。

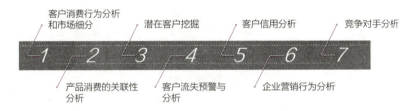

图 5-35 CRM 数据分析在企业中的 7 个应用

应用 1. 客户消费行为分析和市场细分

根据商品的价格、特点,按照品牌忠诚度、个性、生活形态分析目标购买者,从利益、态度、感觉、偏好等方面分析顾客选择商品的原因,了解客户群体的构成、客户消费层次、贡献最大的客户、忠诚度较高的客户、客户的消费习惯、潜在的消费需求等,根据不同的客户消费行为细分不同的消费目标市场,确定相应的市场营销策略和服务水平。

应用 2. 产品消费的关联性分析

目标客户在企业现有产品和替代产品之间的消费客户的聚类分析。

应用 3. 潜在客户挖掘

每一个企业都有一定数量潜在的客户群。如果能对这部分客户进行深度挖掘,则可带来更多的商业机会。客户关系管理过程中产生了大量有用的客户数据,只要加以深入利用,即可发现很多客户的潜在需求。

应用 4. 客户流失预警与分析

利用 CRM 系统可以了解流失客户的特征和类别，挖掘客户流失的真正原因和关键因素，并对客户流失情况进行模型预测，针对潜在流失的客户制定相对应的客户挽留策略，同时为企业战略层面和营销业务决策提供数据支持，以此大大降低了客户流失率。

应用 5. 客户信用分析

影响客户信用水平的因素众多，例如资金规模、资本结构、行业环境等因素。在客户资料收集阶段很难确定收集范围。要确保信用管理决策的准确性就必须大量地收集客户的相关资料。而客户关系管理中的数据仓库和数据挖掘技术正是快速处理大量数据的有力工具，可以提供准确及时的能满足信用管理决策所需的信息。

图 5-36　影响客户信用水平的因素

应用 6. 企业营销行为分析

分析业务营销的历史数据、目前现状、发展趋势，对营销战略进行调查研究、细分市场、选择定位市场，在营销战术的商品规划、价格制定、分销渠道、促销政策等方面发掘潜在隐含的市场规律，提供给市场部门营销决策的参考信息。例如市场的占有率、市场需求、产品周期及其发展趋势、客户群体与市场的关系、消费需求与市场因素之间的关系等。

应用 7. 竞争对手分析

跟踪分析竞争对手的客户数、与本企业客户的联系行为、竞争对手大客户跟踪、竞争对手的决策影响等，及时对竞争对手的各种数据进行统计分析，掌握对手的经营状况和发展趋势，有利于本企业决策者及时调整战略，保证在市场上的优势。包括客户发展对比、客户消费对比、竞争对手的营销策略及效果分析。

商业地产项目操盘指南

本书分析多家地产名企运营模式,点评了数个国内外商业项目,理论与案例分析相结合,图表化展示了企业在项目操盘过程中应运用的方法和避免出现的错误。本书既是商业地产初级入行人员的操盘案头书,也是地产企业进行培训的专业教材。

定价:¥88.00　　出版时间:2014-5-1

房地产精细操盘·前期市场分析

本书圈定了房地产前期市场分析研究的工作框架,以一个楼盘如何能最大程度度找到准确项目定位并形成最终适合的产品为出发点,对前期研究工作做分步论述。本书旨在为地产策划人做项目前期分析研究提供一个完整的逻辑框架和详细的工作步骤。

定价:¥68.00　　出版时间:2014-9-1

房地产精细操盘·项目定位

做项目定位包含很多具体做定位工作:一要挖掘项目价值,二要做客户定位,三要做产品定位,四要做楼盘形象定位,五要做产品价格定位。本书对房地产项目定位环节中的这五项重点工作的逻辑体系做了阐述,也对每一项都做了细致分解和执行要点讲述。

定价:¥58.00　　出版时间:2014-9-1

房地产精细操盘·营销策划

本书共讲了六件事:一是做楼盘营销策划如何了解广告的渠道及效果;二是讲述如何建设使用各种销售媒介;三是如何分析异地客源,获得异地客源,最后形成交易;四是媒体投放组合如何设计、如何评估并监控投放效果;五是如何管理能协同作战的销售团队,成功开盘。六是,如何筛选对超级大盘来说最重要的一类消费群:大客户。

定价:¥68.00　　出版时间:2014-9-1

房地产开发流程管理工具箱·项目土地获取

本册书内容为项目土地获取环节,依次讲解了土地信息收集、地块可行性分析、土地竞拍执行流程、项目立项管理等内容。在每一个操作环节中,先以基础的理论剖析,介绍了实际开发过程中的注意点以及容易陷入的误区,最后整理了每个环节所用到的工作表格、工作流程图等。

定价:¥68.00　　出版时间:2015-3-1

房地产开发流程管理工具箱·前期策划定位

本册书以项目前期策划定位为主要内容,依次介绍了项目前期市场调研、项目可行性研究、项目前期定位,为项目开发前期的策划定位提供指导性帮助。本书适用于地产企业、地产服务机构、地产策划机构等组织的高管、策划人员,地产行业研究人员。

定价:￥68.00   出版时间:2015-3-1

房地产开发流程管理工具箱·项目规划设计

本书以项目规划设计阶段为主要内容,介绍了项目招投标管理的必要法律法规内容、为项目定位和项目规划设计所需要的调查表格和文件提供了范本。本书可为房地产项目规划设计阶段提供步骤性的指导参考。

定价:￥68.00   出版时间:2015-3-1

房地产开发流程管理工具箱·项目施工管理

本套图书按照标准化运作的要求,整理了开发商所需要用到的项目运营动作及管理制度。本册书内容针对项目开发的施工管理环节,依次介绍了项目报批报建、项目采购管理、工程造价、工程进度管理、建筑材料管理、项目竣工验收等环节,为项目施工提供管理参考。

定价:￥68.00   出版时间:2015-3-1

房地产开发流程管理工具箱·项目推广销售

本套图书以项目前期投资决策为起点,依次包括项目立项管理、规划设计、成本预算、施工管理等十个关键环节,为开发商建立起一套标准化运作的参考体系。本册书主要针对项目推广销售环节,依次介绍了营销计划、广告策划、案场管理、销售管理、客户关系管理,为项目推广销售提供指导性参考。

定价:￥68.00   出版时间:2015-3-1

房地产开发流程管理工具箱·后期运营管理

本套图书整理了开发商所需要用到的项目运营动作及管理制度,本册书主要内容为项目后期运营管理,重点分析了人力资源管理、物业管理、财务管理的管理要点,同时提供实用性较强的管理图表,为项目后期运营提供指导性参考。

定价:￥68.00   出版时间:2015-3-1